介護老人保健施設の
退所支援におけるソーシャルワーク

エビデンスを活用する実践

間嶋 健 著

中央法規

は じ め に

　本書は介護老人保健施設（以下、老健）の退所支援を論じるとともに、
ソーシャルワーク領域での Evidence Based Practice（以下、EBP）につ
いて論じたものである。したがって、読者としてまず、老健の支援相談
員を想定し、本書を通して老健の退所支援が専門的なソーシャルワーク
であることを示したつもりである。そして、EBP については、老健の
みでなく、個別支援を実施するソーシャルワーク全体を射程としてい
る。したがって、老健以外の各領域のソーシャルワーカーの方々におい
ても、本書を参照し、議論や実践の一助にしていただきたい。また、本
書で実施した調査研究は実践"現場"研究として、サンプリング、倫理
的配慮、分析の視点、分析方法等においてユニークな方法を検討してい
る。この点では、研究者や研究を行う実践者の方々に研究法としての批
評の対象としていただきたく思う。
　筆者は老健の支援相談員として、ソーシャルワーク活動に従事しなが
らデータを収集し、分析結果や知見について実践場面での有用性を筆者
自身が体験しながらまとめ続けた。このような点から、本書には実践現
場に密着した役立つ知見を多く収めることができたと思っており、ま
た、それは筆者自身が現在も現場で実感している。
　そして本書では、科学的な知見を実践場面で活用するための方法論に
ついて、ソーシャルワーク領域に特化した議論を行った。その内容は、
統計学的あるいは哲学的議論に偏重したものではなく、EBP を枠組み
にして、実践に役立たせるというプラグマティックな視点から、ソー
シャルワーク領域における議論を基盤にしつつ学際的・実践的な議論を
展開した。
　本書はこのような背景をもち、研究と実践の橋渡しを意識して構成さ
れている。一部の理論的課題の整理には、実践現場に密接した課題とは
いえない議論も展開されている。そのような議論においても、項の冒頭

に要約や結論を書くよう心がけ記述したため、その冒頭部分によって生じた関心や疑義の有無に応じて従属する議論を読んでいただくのもよいかと思う。

　本書がソーシャルワークの現場で直面する様々な課題に対して、エビデンスを活用した判断や支援を行う際の手引きや参考となれば幸いである。さらにソーシャルワークにおける研究と実践を結びつけるための試みとして、多くの方々に手に取っていただき、議論の一助となれば望外の喜びである。

　また、本書は、筆者の博士論文をもとに構成されている。多大なるご指導をいただいた、東京都立大学 和気純子先生、杉野昭博先生、室田信一先生に感謝申し上げます。

　2024 年 3 月

間嶋　健

目次

第3章
研究の方法〜実践のなかでの研究活動〜

第4章
退所支援における利用者・家族に対するソーシャルワーク支援の課題
〜支援相談員の支援記録における事例の分析を通して〜

第5章
退所支援における利用者・家族に対するソーシャルワークの構造化

第8章
介護老人保健施設の退所支援に求められる
エビデンスを活用する支援のガイド

第9章
結論と課題

序　論

本研究の目的と
リサーチクエスチョン

1 ｜ 本研究の目的

　本研究の目的は、介護老人保健施設（以下、老健）の退所支援のソーシャルワークにおける科学的実践としてエビデンスを活用した実践を検討することである。

　近年においては、複雑多様化する老健の運営的側面と同様に、要介護者や介護者をめぐる状況が多様化し、介護者の高齢化や介護者不在の問題などが顕在化しつつある。介護保険法の改正等により、経営環境が厳しくなる老健においては、事業運営に不可欠な取り組みとして効率的な退所支援が求められるようになった。また一方で、在宅介護をめぐる状況をみると、女性が家を守るという旧来的な家制度が経年的に弱体化し、家族による介護を一般的な前提とすることは難しくなり、老健からの退所先として安易に在宅介護へ誘導できない現状がある。そして、こうしたなかでの実践は、支援相談員のそれまでに培われた経験や勘での対応に困難をもたらし、支援相談員が運営的な期待と利用者・家族への福祉的支援の間で「板挟み」に陥りやすく、強いジレンマや精神的消耗が生じている。

　経験と勘の実践に対し、本研究では、科学的な研究による一般性のある知見を、個別の実践に活かす方法論である Evidence Based Practice（以下、EBP）に注目し、退所支援のソーシャルワーク実践における臨床判断の精度をさらに高めていくことを意図する。その目的は、個別支援（ミクロな支援）におけるソーシャルワーク実践能力の向上へ寄与することである。したがって、本研究は個別支援に従事するソーシャルワーカーの視点に立つものである。

　EBP は臨床判断において、「クライエントの希望や行動」「臨床的状況」「組織の関心」の要因を含めた「リサーチエビデンス」を用いて、合理的な決定を下す方法論である。「臨床的状況」および「組織の関心」は、老健の運営的なミッションや、利用者・家族における社会的状況が該当すると考えられる。つまり、これらの要素を総合させ合理的な判断を導く検討を行うことにより、上述した「板挟み」や「ジレンマ」を軽減しうる支援論が論じられるのではないか。本研究は、このような前提

に基づき、以下に示す4つのリサーチクエスチョン（以下、RQ）にそっ
て、老健の退所支援におけるエビデンスに基づく実践のあり方を検討す
る。

2 ┃ 4つのリサーチクエスチョン（RQ）

1 RQ1：退所支援における利用者・家族の支援課題とは何か？

　EBP の検討にあたっては、まずクライエントの希望と行動が特定さ
れる必要があり、「退所支援における利用者・家族の支援課題とは何
か？」という第一の RQ が導出される。老健におけるソーシャルワーク
においては、利用者・家族が言語的に表出する内容が即座に支援上の
ニーズや課題とはならず、言語化されない意味や説明されない行動の背
景を含めて支援課題が構成される必要がある。つまり、利用者・家族に
対し、支援者がかかわることをもって支援課題やニーズが構成されるこ
とになり、その体系的な把握には一定の分析が必要である。
　本研究では、41件の実践記録をデータとし、質的分析を行い、評価
項目の構造化を図る。

2 RQ2：退所支援にはどのような方法があるか？

　退所支援におけるニーズや課題が明らかになったうえで、「退所支援
にはどのような方法があるか？」という第二の RQ が生じる。また、第
2章で論じるように、EBP とは個々の臨床判断に対して的確にエビデン
スを用いることを意味し、課題と支援方法が言語化されたうえで両者を
対照させることにより、EBP における臨床上の疑問（Clinical Question
（以下、CQ））が導かれると考えられる。
　本研究では、第5章において、支援相談員による学会発表や業界紙
における退所支援の記述をデータ（N－186）として質的分析を行い、構
造化を図る。

3　RQ3：退所支援に活用されるエビデンスはあるか？

　退所支援における実践に即した課題および方法が示されれば、それら
を対照させることにより、特定化された CQ が導けることになる。ここ
で、第三の RQ として「退所支援に活用されるエビデンスはあるか？」
が導出される。

　本研究では、第 6 章において 17 例の CQ を導出し、EBP のステップ
に基づき、文献的検討によって活用されるエビデンスを検討する。

4　RQ4：支援対象者に評価される退所支援とは何か？

　そして、第四の RQ は、「支援対象者に評価される退所支援とは何
か？」である。ソーシャルワークが人に対する支援である以上、支援対
象者による評価が不可欠である。支援における課題や方法、エビデンス
が言語化・構造化され、情報として把握されたとしても、それが支援課
題の解決や緩和にどのように寄与したのかが問われなければならない。
ただし、その評価の対象には、支援対象者が認識していない支援課題も
含まれる。このような評価の多元性を視野に、退所支援の評価の構造と
視点を併せて検討する。

　本研究では、第 4 章と同じく 41 件の実践記録をデータとし、質的分
析によって評価項目を構造化した。そして、同項目に基づき評価アン
ケートを作成し、リハビリテーション目的で入所し、その後退所に至っ
た利用者家族 20 組を対象とした評価アンケートを実施した。

3　｜　本研究の構成と概要

　本研究の目的および RQ にそった本研究の構成と概要を述べる（**図序
-1**）。

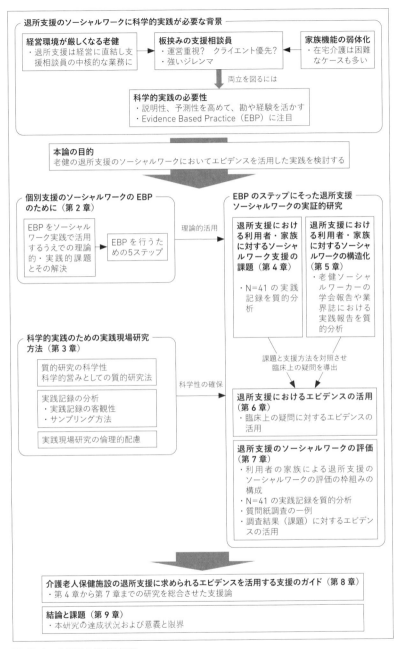

退所支援のソーシャルワークに科学的実践が必要な背景

経営環境が厳しくなる老健
・退所支援は経営に直結し支援相談員の中核的な業務に

板挟みの支援相談員
・運営重視？　クライエント優先？
・強いジレンマ

家族機能の弱体化
・在宅介護は困難なケースも多い

両立を図るには

科学的実践の必要性
・説明性、予測性を高めて、勘や経験を活かす
・Evidence Based Practice（EBP）に注目

本論の目的
老健の退所支援のソーシャルワークにおいてエビデンスを活用した実践を検討する

個別支援のソーシャルワークの EBP のために（第 2 章）

EBP をソーシャルワーク実践で活用するうえでの理論的・実践的課題とその解決

EBP を行うための 5 ステップ

理論的活用

EBP のステップにそった退所支援ソーシャルワークの実証的研究

退所支援における利用者・家族に対するソーシャルワーク支援の課題（第 4 章）
・N=41 の実践記録を質的分析

退所支援における利用者・家族に対するソーシャルワークの構造化（第 5 章）
・老健ソーシャルワーカーの学会報告や業界誌における実践報告を質的分析

科学的実践のための実践現場研究方法（第 3 章）

質的研究の科学性
科学的営みとしての質的研究法

実践記録の分析
・実践記録の客観性
・サンプリング方法

実践現場研究の倫理的配慮

科学性の確保

課題と支援方法を対照させ臨床上の疑問を導出

退所支援におけるエビデンスの活用（第 6 章）
・臨床上の疑問に対するエビデンスの活用

退所支援のソーシャルワークの評価（第 7 章）
・利用者の家族による退所支援のソーシャルワークの評価の枠組みの構成
・N=41 の実践記録を質的分析
・質問紙調査の一例
・調査結果（課題）に対するエビデンスの活用

介護老人保健施設の退所支援に求められるエビデンスを活用する支援のガイド（第 8 章）
・第 4 章から第 7 章までの研究を総合させた支援論

結論と課題（第 9 章）
・本研究の達成状況および意義と限界

図 序 -1　本研究の構成と概要

1 第1章：介護老人保健施設の退所支援とソーシャルワーク

第1章では退所支援に科学的実践が必要な背景として、老健をめぐる制度の変遷により、退所支援が老健運営にとって欠かせなくなると同時に、支援相談員の中核的な実践となってきた経緯を述べる。また、支援に困難を生じさせる状況として、介護に関する家族機能の弱体化など在宅復帰が困難な利用者・家族の現状を整理する。その結果として、事業運営の維持と、利用者・家族への貢献の両立が求められることになる支援相談員の「板挟み」状況を説明する。そして、こうした状況のなかにおける科学的実践の必要性を考究する。

2 第2章：ソーシャルワークとEBP

科学的実践のあり方を検討するにあたり、本研究ではEBPに着目する。EBPは医学をはじめとしたヒューマンケア領域全体に浸透する科学的実践を図る方法論である。ソーシャルワーク領域においてもこれまで、その概念、重要性、基本的枠組みが論じられてきた。まず、第2章ではソーシャルワークにおけるEBPの発祥から今日的課題までの流れを整理する。そして、ソーシャルワーク実践にEBPが実用的に用いられていない現状に鑑み、実用化のための検討が不足している点を指摘する。そこで、本章ではソーシャルワーク実践にEBPを活用する目的から、EBPの実施が困難な隘路に陥る課題を指摘し、その理論的・実践的な解決を検討する。

そして、5ステップから構成されるEBPの各ステップにおけるソーシャルワーク実践上の留意点を、ソーシャルワーク領域におけるEBPの先行研究および医学をはじめとする周辺領域の議論を参照しつつ実践的視点から論じていく。

3 第3章：研究の方法〜実践のなかでの研究活動〜

第3章では、本研究を遂行するための方法論を検討する。特に、本研究の実証研究は主に質的研究法を用いていることから、本研究におけ

る科学の定義に即した質的研究法について説明する必要がある。また、本研究はソーシャルワーク実践研究のなかでも、「現場」での調査研究を含む。そこで、研究と実践が連動する「実践現場研究」における実践のデータ化の方法や、その倫理的課題などを検討する。

4 第4章：退所支援における利用者・家族に対する ソーシャルワーク支援の課題

EBP ではまず問題や課題が特定される必要がある。したがって、いまだ言語化されていない渾沌とした状態にある現象については、アクセス可能な程度に現存する実証研究に具体的な問題としてカテゴリー化することが必要となる。そこで、第4章では「退所支援における利用者・家族に対するソーシャルワーク支援の課題」として、支援相談員の退所支援における実践記録の質的分析を行い、退所支援にあたって利用者・家族に生じる課題を示す。

5 第5章：退所支援における利用者・家族に対する ソーシャルワークの構造化

課題の構造化に続いて生じる問題は、「課題に対して、支援相談員によってどのような専門的支援が行われているか」という点である。そこで第5章では、「退所支援における利用者・家族に対するソーシャルワークの構造化」として、学会報告や業界誌における、老健ソーシャルワーカーの実践報告をテキスト化し、質的分析を行う。これにより、退所支援の方法が言語化・構造化されることになる。

6 第6章：エビデンスを活用する退所支援

第6章の「3　エビデンスが活用された退所支援」では、第5章までに構成された「課題」および「支援方法」を対照させながら CQ を導出する。そして、疑問に対応するエビデンスを探索および吟味し、実践における適用方法を論じる。

7 第 7 章：利用者の家族による退所支援のソーシャルワークの評価

EBPでは、実践の評価を行う必要がある。EBPにおける評価の対象は多様であるが、いずれにおいても支援対象者にとって有益であったかという視点が必要となる。そこで、第 7 章では、「退所支援のソーシャルワークの評価」として、まず、支援上の重要な対象である、利用者の家族が評価するソーシャルワークの枠組みを構成する。そして、構成された評価の枠組みにしたがって、実践のなかで実施した質問紙調査の結果を報告する。さらに調査結果における低得点の項目を課題として、その実践上の解決を図るエビデンスを探索し、その活用を検討する。

8 第 8 章：介護老人保健施設の退所支援に求められるエビデンスを活用する支援のガイド

第 8 章では、第 4 章から第 7 章までの研究を総合した退所支援のソーシャルワーク支援について整理し、実践ガイドを提示する。支援課題に対して、支援方法および利用者や家族の評価項目を対応させ、質的研究のストーリーラインの手法を用い、エビデンスを活用した支援のあり方を述べる。

9 第 9 章：結論と課題

第 9 章では、本研究における結論と課題を考察する。本研究の目的は、退所支援のソーシャルワークとして、科学的な実践を検討するものである。本章では、目的の達成状況、本研究の実践への貢献や意義、および本研究の限界についても論及する。

第 1 章

介護老人保健施設の退所支援と
ソーシャルワーク

本章では、科学的実践がソーシャルワークに求められる背景および退所支援をめぐる臨床的状況を述べる。

　退所支援をめぐっては、法制度をはじめとした社会環境をマクロレベルとすれば、メゾレベルとして介護老人保健施設（以下、老健）の運営方針に影響し、さらにそこに所属する支援相談員のミクロな退所支援活動にも影響を及ぼすことになる。本章では、老健の根拠法である介護保険法の近年の改正に伴う、老健における退所支援への関心の高まりや、要介護者やその家族の介護をめぐる介護力不足を招く背景を説明する。そして、本研究で実施する科学的実践方法の一つである Evidence Based Practice（以下、EBP）が必要な背景として、相談支援活動を行う老健の支援相談員の概況を整理するとともに、退所支援におけるソーシャルワークを遂行するなかで支援相談員が感じる板挟みやジレンマを報告する。

1 ｜ 退所支援をめぐる介護老人保健施設の概況

　老健においては、近年の介護保険法改正により、在宅復帰施設としての機能が強化され、退所支援の重要性が増している。

　老健は、1986（昭和 61）年の老人保健法改正により創設され、1988（昭和 63）年に老人保健施設として本格実施に至り、1997（平成 9）年の介護保険法の成立とともに根拠法が同法へと移行している。2021（令和 3）年には全国に 4279 施設、定員数は 37 万 1323 人となっている（厚生労働省，2022 ①）。そして、厚生労働省（2022 ②）によれば、2021（令和 3）年の老健（入所サービス）への介護保険給付費は約 1 兆 3000 億円であり、介護保険給付におけるサービス種類別費用額割合では、12.5％と特別養護老人ホーム（以下、特養）(18.7％) に次いで多い。

　また、老健は設立以来、在宅復帰を目指した支援が求められてきた（「介護老人保健施設の人員、施設及び設備並びに運営に関する基準」（平成 11 年厚生省令第 40 号））が、2000（平成 12）年の介護保険法施行と同時期に社会的入院が問題となっていた医療機関に代わり、在宅介護が困難な要介護者の受け皿となり、要介護者の家族（以下、家族）の長期療養の要望を受

け入れてきた経緯から、長期入所者が多数を占める施設も多く存在し（東, 2015）、2010（平成22）年における全国の老健の平均在所日数は329日であった（厚生労働省, 2010）。

　高齢者人口と比例して増大する社会保障費の抑制の必要性を背景に、近年では介護保険法の改正のたびに、退所を促進させる施設運営が求められている。2012（平成24）年の介護保険法改正では、「回転率」や「在宅復帰率」等の要件において一定の基準を達成するか否かにより、老健は「在宅強化型老健」「在宅復帰・在宅療養支援機能加算型老健（加算型）」「従来型」に分けられ、在宅強化型老健と従来型の間では1日一人当たり基本報酬に59単位（要介護3・多床室）の差が生じ、2015（平成27）年の改正では、両者の差はさらに拡がり71単位となった（厚生労働省, 2015）。これらの改正により、在宅復帰支援を推進していると答えた施設は77.3％にまで上ることとなった（全国老人保健施設協会, 2015）。

　2017（平成29）年の改正では、介護保険法第8条第28項において「『介護老人保健施設』とは、要介護者であって、主としてその心身の機能の維持回復を図り、居宅における生活を営むことができるようにするための支援が必要である者に対し、施設サービス計画に基づいて、看護、医学的管理の下における介護及び機能訓練その他必要な医療並びに日常生活上の世話を行うことを目的とする施設」と明記され、法的に位置づけられたことによって、老健の役割が在宅復帰・在宅療養支援であることがより明確にされた。そして、2018（平成30）年の改正では、その役割をさらに推進する観点から報酬体系が見直され、老健は機能別にさらに細分化された。「在宅強化型」のなかに「超強化型」、「基本型」のなかに「加算型」が設定され、いずれにも該当しないものは「その他型」とされた。これらは、「在宅復帰・在宅療養支援等指標」の達成状況に応じ決定される。報酬は段階的に差があり、最も差が開く「超強化型」と「その他型」の間には一人一日当たり138単位の差（要介護3・多床室・在宅復帰在宅療養支援機能加算を含む）が生じることとなる（厚生労働省, 2018）。この差は、ベッド数と日数の積によって、施設の事業収益に大きな影響を与えることになり、退所支援をさらに強く誘導するものとなると考えられる。

そして、厚生労働省（2014）によれば、全国の老健在所平均日数は2000（平成12）年（185日）から2010（平成22）年（329日）まで一貫して増加してきたが、前述した2012（平成24）年の法改正後の2013（平成25）年には311日と減少に転じ、2016（平成28）年にはさらに減少し299日となっている（厚生労働省，2016②）。さらに医療福祉機構の調査によれば、在宅強化型老健（N=137）では2016（平成28）年の平均在所日数は、194日であった（荒牧，2017）。

2 退所支援における要介護者とその家族の生活の場をめぐる社会的状況

　要介護者の生活の場をめぐる状況としては、要介護者本人は在宅を望みつつも、家族の介護力は経年的に低下しており、在宅介護が難しいことも少なくない。

　内閣府（2003）における世論調査では、要介護状態になった時に望む療養の場所は在宅が最も多く（44.7%）、その後の調査（内閣府，2010）でも同様であった。しかしながら、2010年の調査では療養の場所として在宅を望む割合が若干低下している（37.3%）。また、厚生労働省が地域包括ケア体制の構築の前段に行った調査（厚生労働省，2010）において、「家族に依存せずに生活ができるような介護サービスがあれば自宅で介護を受けたい」などの質問項目が入ると、自宅介護を希望する割合は70%に上り、同様の質問項目を設定した高齢者白書（内閣府，2018）においても73.5%と同程度であることから、調査方法や質問項目の編成によって、その割合には差異がみられる。

　一方、要介護状態になった時の療養場所として、介護施設を望む者も一定数いる。内閣府（2010）では、特養や老健を望む者が26.3%、有料老人ホームや高齢者住宅を望む者（18.9%）と合わせると在宅を望む者を上回ることになる。その理由は、自身の介護のために家族に迷惑を掛けたくないという意向が働く（介護施設等を希望する者の76.7%）からである。

　要介護者の家族としての意向について尋ねると、厚生労働省（2010）では、両親が要介護状態となった場合の対応として、「自宅で家族の介

護と外部の介護サービスを組み合わせて介護を受けさせたい」（49％）に続き、「家族に依存せずに生活ができるような介護サービスがあれば自宅で介護を受けさせたい」（27％）と、在宅志向が顕著な結果となっている。しかし、内閣府（2010）によれば、家族が要介護状態となった際に困る点として、「『食事や排泄，入浴など世話の負担が重く，十分な睡眠が取れないなど肉体的負担が大きいこと』を挙げた者の割合が62.6％、『ストレスや精神的負担が大きいこと』を挙げた者の割合が62.2％と高く、以下、『家を留守にできない，自由に行動できないこと』（55.2％）」と、要介護度が高まるにつれて必然的に付随する負担について「困る」と考えている傾向もある。

　したがって、これらの調査結果から理解されることとは、要介護者本人あるいは家族が、在宅と施設のどちらで過ごしたい（過ごさせたい）かという点は、その身体状態や介護環境次第だという当然の結論となり、「在宅志向」などと単純にいえるものではない。

　一方、地域包括ケアシステムの議論では、厚生労働省（2010）における在宅療養志向を根拠の一つとして、「重度な要介護状態となっても住み慣れた地域で自分らしい暮らしを人生の最後まで続けることができる」ことが目標となったが、膨張する介護保障費用を背景に、「地域」という言葉はしばしば「在宅」に置き換えられることとなった。具体的には、医療機関や施設から在宅に移行することに対し診療報酬や介護報酬上のインセンティブを与えられ、逆に在宅に移行させられなかったことに対しては様々なペナルティが課せられることにより、要介護者本人や家族の意向とは異なる力で、在宅介護が誘導されている面が挙げられる。

　前述のとおり、要介護状態や介護者になることを想定した際に、在宅療養志向が高く現れるのは、家族の負担にならない方策があることを前提としたものである。しかし、今日、重度の要介護状態にあっては、家族の負担感を免じるほどの効力のある在宅サービスは見当たらない。生活援助サービス等における政策については、むしろサービス利用が制限される方向にあることも指摘されている（藤崎, 2009）。

　介護保険法は、自助や共助を前提として、対応困難な面をサービスが補完する（公助）制度であるが、家族介護をめぐる状況には経年的な変

化もみられる。旧来的な家制度の中では、親の介護は嫁の仕事とされてきたが、森川（2019）は、2001（平成13）年から2016（平成28）年までの国民生活基礎調査の結果から、主介護者が子の配偶者である割合が、2001（平成13）年（22.5％）から2016（平成28）年（9.7％）の間に半数以下に減少していることを報告している。さらに2022（令和4）年の調査（厚生労働省，2023）では、主な介護者が子の配偶者の割合は同居の家族の割合とともにより一層低下している。また、「不詳」の割合が最も高くなった（**表1-1**）。

　そして、「平成28年国民生活基礎調査」（厚生労働省，2016①）によると、主介護者は、配偶者が最も多く（25.2％）、終日介護が必要な状態ではその割合はさらに高くなる（50.9％）。老老介護になることも多く、要介護者と主介護者のいずれも75歳以上である割合は30.2％に上る。さらに、主介護者のうち日常生活での悩みやストレスが「ある」と答えた者は68.9％であり、その理由としては「家族の病気や介護」が男性73.6％、女性76.8％と最も高い。また、毎日新聞（2016）の調査においては、自殺や心中を考えたことがある者も一定数いる（約2割）とされる。こうしたなか、介護の現場では家族の介護力をどのように見ているかについて、全国老人保健施設協会（2018：78）は、老健の現場スタッフは、在宅復帰をする利用者の家族について、14.8％は「同居する家族はおらず、介護力が期待できない」、37.3％は「同居の家族はいるが介護力は期待できない」と見ていると報告している。

表1-1　国民生活基礎調査による主たる介護者の続柄割合の変遷

年次	総数	同居	配偶者	子	子の他の配偶者	父母	その他の親族	別居の家族等	事業者	その他	不詳	同居の主な介護者の性別	
												女性	男性
2001年	100.0	71.1	25.9	19.9	22.5	0.4	2.3	7.5	9.3	2.5	9.6	76.4	23.6
2004年	100.0	66.1	24.7	18.8	20.3	0.6	1.7	8.7	13.6	6.0	5.6	74.9	25.1
2007年	100.0	60.0	25.0	17.9	14.3	0.3	2.5	10.7	12.0	0.6	16.8	71.9	28.1
2010年	100.0	64.1	25.7	20.9	15.2	0.3	2.0	9.8	13.3	0.7	12.1	69.4	30.6
2013年	100.0	61.6	26.2	21.8	11.2	0.5	1.8	9.6	14.8	1.0	13.0	68.7	31.3
2016年	100.0	58.7	25.2	21.8	9.7	0.6	1.3	12.2	13.0	1.0	15.2	66.0	34.0
2019年	100.0	54.4	23.8	20.7	7.5	0.6	1.7	13.6	12.1	0.5	19.6	65.0	35.0
2022年	100.0	45.9	22.9	16.2	5.4	0.1	1.2	11.8	15.7	0.6	26.0	68.9	31.1

出典：（森川，2019）に筆者追記

こうした家族状況のなかでは、家族介護に依拠した在宅復帰は難しいことが考えられる。要介護者やその家族に無理が生じる在宅復帰を進めれば、介護者への過剰な負担がもたらす問題や、要介護者の介護ニーズが満たされずに地域（在宅）で生活を送ることで生じる問題を引き起こすおそれもある。また、玉木ら（2017）は、老健が介護報酬に誘導され、在宅復帰率を追求することにより、在宅復帰困難な要介護者が施設を転々とし、「漂流」と比喩される状況が生じる懸念を提起している。

3 ｜ 支援相談員の概況と退所支援における ソーシャルワークの視点と課題

　老健が、長期療養から中間施設としての実質的な役割を強めるなかで、退所支援は、支援相談員における中核的実践となったといっても過言ではなく、ソーシャルワークとしてのあり方について検討される必要がある。

　支援相談員は、「介護老人保健施設の人員、施設及び設備並びに運営に関する基準」第2条第1項第4号において、入所者100人につき1人以上の配置が義務づけられている。厚生労働省（2018）によれば、支援相談員の配置は一施設当たり平均1.6人とされ、前出の施設数との積では全国に約7000人程度が従事していると推計される。また、そのうち社会福祉士資格をもつ者は約44％（一施設当たり0.7人）である。

　支援相談員は、厚生省令第40号の解釈通知（「介護老人保健施設の人員、施設及び設備並びに運営に関する基準について」平成12年老企第44号）において「保健医療及び社会福祉に関する相当な学識経験を有」する者が担うよう規定され、「① 入所者及び家族の処遇上の相談」における「各種支援及び相談の業務」を行うとされている。この点から、支援相談員は、保健医療に長けた相談支援専門職であるソーシャルワーカーが担うことが望ましいと考えられる。しかし、具体的な資格要件は定められておらず、実態として社会福祉に関する知識や技術が十分に養成されていない者も配置されていることから、支援の質について危惧する指摘（室田, 2016）もある。

　支援相談員においては、和気（2006）による老健相談員業務内容の分

析で、「経営関連」という項目がおかれたように、経営上97%以上必要（平川，2016）ともいわれる高い稼働率を維持するという、ベッドコントロールにおける事業運営的な役割を課されている者も多い。そして、退所支援は強化型老健の要件達成の重要な取り組みとみられており（全国老人保健施設協会，2015①：24）、今日の老健のソーシャルワークを考えるうえでは、経営面や運営面を度外視することは難しくなっている。

　また、支援相談員の配置数と在宅復帰率の高さの関連が示された厚生労働省（2016③）の全国調査からは、支援相談員に対する退所支援および在宅復帰支援に対する期待が示されている。さらに2018（平成30）年の介護保険法改正では、介護報酬の厚い「超強化型老健・強化型老健」や「加算型・基本型」の取得に必要な「在宅復帰・在宅療養支援等指標」において、支援相談員の配置数がその一つとして挙げられた。そして、2024（令和6）年の介護報酬の改定では、配置されている支援相談員のなかに社会福祉士がいる場合はさらに高く評価されることとなる見通しである。こうした動向は、老健の支援相談員が退所支援に臨む必然的状況やその機会の増加の背景として考えられる。

　こうした状況のなかで、支援相談員はどのように退所支援のソーシャルワークを行えばよいだろうか。前項で述べたように、老健の健全な財政を維持するために、できるだけ多くの人を在宅復帰させる方向に介護者を案内したり、コーディネートしたりすることに注力していけばよいか。あるいは、国の方針や施設の運営方針に背いても、眼前の相談者の主訴が実現できることを優先し社会資源の動員を図る機能を発揮していくべきか。

　今日の老健の退所支援のソーシャルワークは、事業運営的側面を考慮せず成立するものではない。一方で片山（2017）が老健の支援相談員を対象に行った調査では、支援相談員の「第一義的関心」として、相談者やその幸せに対する貢献を第一に考えることを意味するカテゴリーが生成されている。つまり、ソーシャルワーカーによる老健の退所支援においては、これらを両立する視点が求められると考えられる。老健の事業運営を可能にしつつも、収益のみを目的とした在宅復帰を推進するのではなく、利用者と家族両方のニーズを踏まえた適切な帰着点の検討が必要であるといえるだろう。さらに両者の介護ニーズに対する対処能力を

高めることや、退所後の生活に最適な環境を整備し、個人と環境との間の適応状態を促すことが求められており、こうした実践はソーシャルワークといえると考えられる。

　また、今日的な在宅強化型老健の平均在所日数は約半年である。2012（平成24）年以前と比して大幅に低減しているとはいえ、個別のケースにおいては1か月や3か月未満で退所するケースがあることから、場合によっては1年超の入所も許容することができる数値ともいえる。つまり、入所期間に個別性が認められる余地が多分にある。在院期間が限定的であり、平均在院日数が約19日である医療機関の一般病床（荒牧, 2019）と対照させれば、老健の特徴は、支援相談員が社会面の調整を行うにあたって十分な時間を確保できるというメリットを有していると考えられる。

　そして、全国老人保健施設協会が策定し普及に努めている、ICFに基づくケアマネジメントシステムの根幹をなすアセスメント方式のR4システム（全国老人保健施設協会, 2014）に代表されるように、ICFの視点を事業運営に取り込む老健領域にあっては、介護報酬体系においても、単に要介護者の身体状況のみによって、入所や退所が制限されることがない。例えば、要介護認定を受けていれば、疾患の内容や程度によらず入所することが制度上可能である。また、入所者においては、要介護度が低く全身状態が安定していたとしても、住宅状況や介護者の状況等の「環境因子」が整わなければ、退所の要件を満たさないと理論的に通用させることができる。老健のこのような特徴は、医療機関のように医学モデルに従った制度設計や専門職集団のなかで、ソーシャルワーカーが生活モデルを主張せねばならない環境と比べれば、ソーシャルワークの展開にとって望ましい環境要因ともいえる。

　また、2002（平成14）年に厚生労働省より、「指定介護老人福祉施設、介護老人保健施設、指定介護療養型医療施設に対して、サービスを受ける必要性の高い者の優先的な入所（入院）に努めるよう義務付ける」改正省令（平成14年8月7日厚生労働省令第104号〜第106号）が発出され、特養においては「入所基準策定指針」が示され、実質的に要介護3以上でなくては入居ができなくなった。しかし、同省令では老健については入所基準は示されず、事実上、事業所ごとの判断に委ねられた。した

がって、入所手続きの対応に当たり、退所までを支援する支援相談員の
ゲートキープ・オープン機能が問われており、その裁量は大きいものと
いえる。

4 | 退所支援における支援相談員のジレンマと 科学的実践の必要性

　複雑化する退所支援の現場のなかで支援相談員はジレンマを抱え、強
いストレスが生じており、科学性をもった実践について検討される必要
がある。

　老健におけるソーシャルワークにおいては、「経営的プレッシャー」
（片山, 2017）と表現される稼働率などの収入的貢献を果たさなくてはな
らないという点や、家族や関係者がもち込む多様な価値観のなかで、場
や時に応じて優先性や焦点が入れ替わるという「状況的価値」（新保,
2014）を逐次判断することが求められる。

　個人と環境のなかにあって、例えば、多様化する家族形態やその役割
（直井, 2014：34-42）によっては要介護者—介護者—家族のニーズには
時に齟齬が生じ、介護者の心境においてはアンビバレントな苦悩が生じ
る（広瀬, 2010）。さらに、既存の介護サービスにおいては三年に一度の
法改正前後にサービス内容や対象の変動がある。つまり個々のケースに
おいて完全に同一の状況は期待できず、ある状況は容易に変貌する。そ
のため、退所支援には価値や状況の多様性や変動性のなかで一定期間機
能する方針を見つけ出す作業という、その困難性—あるいは専門家が必
要な状況—を生じさせる側面がある。そして、こうしたなかでの支援に
支援相談員がジレンマを抱えているという報告もある。

　和気・間嶋（2017）は、老健の支援相談員の倫理的ジレンマを示し
た。「退所支援をめぐるジレンマ」は5件法（全くそう思う～全くそう思わ
ない）で、平均3.15（±0.959）であり、「入所相談をめぐるジレンマ」
の平均2.66（±1.027）と比しても高く、さらに「情緒的な消耗を仕事
に感じる」の平均は3.27（±1.00）と高い水準を示している。

　そして、間嶋・和気（2017）では、ジレンマ状況が発生する構造とし
て、「『経営環境の変化による経済性確保の難しさ』や『人手不足による

施設の低いケア力』という環境のなかで、『相談業務への社会的評価の低さ』も相まって、相談員が認めた利用者ニーズのために多職種によるアプローチを誘導できないという『多職種でケアしていくことの難しさ』を抱え、こうした構造のもと、しばしば『利用者状況より施設都合が優先される状況』が発生し、また心身の障害により社会的発言が難しくなった利用者においては『家族と利用者意向の乖離と家族意向の優位さ』という状況もあわさり、利用者のニーズがないがしろにされてしまう倫理的ジレンマが生じている」と説明される。

　このようなジレンマの背景には、困難な状況に個々の相談員が「経験と勘」で向き合っていることがその一因として考えられる。さらにその原因は、老健におけるソーシャルワークを対象とした、実践の理論化・科学化を試みた研究が少ない（和気, 2006、片山, 2013）ことが挙げられる。例えば「介護老人保健施設、ソーシャルワーク」という検索語でCiNii の検索を行うと、2023（令和5）年現在、6件であった（本研究に向け発表された筆者の研究は除く）。これは、本領域における実践および研究上の課題といえるだろう。

　そこで、本研究では、老健における中核的なソーシャルワーク支援となりつつある退所支援を取り上げ、支援相談員の実践活動に資する一定の科学性をもったソーシャルワークのあり方を検討する。

5 ｜ 退所支援におけるソーシャルワークと隣接する領域における実証的研究

　老健の退所支援を体系的に検討した先行研究が見当たらないことは前項で述べた。しかし、要介護状態の高齢者に対して医療的ケアを提供する施設からの各種の退院（所）先を支援するという点では、老健の退所支援と、医療機関の MSW の退院・転院支援には近似し参考にできる点も多いと考えられる。老健の退所支援を保健医療部門の支援と位置づける見方（高山, 2019）もある。

　本研究の関心と対照し、ソーシャルワーク支援のあり方を実証的、体系的に論じたものでは、三毛（2003）、衣笠（2015）、林（2019）が挙げられる。三毛（2003）は、大学病院（一般病床）での MSW からのインタ

ビュー調査を質的に分析し、「退院援助モデル化」を図っている。また、衣笠（2015）は、回復期リハビリテーション病床における MSW のインタビュー調査を質的に分析している。同論は、クライエントの自己決定や、家族としての意思決定およびそれを受けた MSW の判断を明らかにすることが目的の調査であるが、同論においては退院・転院支援の初期から終結まで論じられており、MSW の退院支援・転院支援の体系的な理解ができる。そして、林（2019）は、著者自身が所属する回復期リハビリテーション病床において MSW の支援記録の量的・質的な分析を行い、その結果から「効果的な支援」の検討や提案を行っている。

　本項ではこれらの研究を、(1) 退院に向けた初期的な支援、(2) 退院先についての意思決定の支援、(3) 退院先決定後の展開に分けて整理し、老健の退所支援への援用性を検討する。

■1　退院に向けた初期的な支援

　医療機関における退院支援のソーシャルワークでは、厳格に制限された入院期間のなか、MSW の機能は患者や家族に先立ってガイドしていく働きをもつことがある。

　三毛（2003：71-73）は、急性期医療を中心に提供する医療機関で行うべき治療は終了したという医師の判断や、病床の効率的運用という病床管理上の判断が早期退院に向けた「カウントダウンのプロセス」という要因となり、医療ソーシャルワーカーの退院援助のプロセスに影響を及ぼしていることを構造的に明示している。

　この概念が示すところでは、患者家族やソーシャルワーカーの退院準備の具合と関係なく、退院期日は区切られている。診療報酬制度は、主として病名と在院日数によって報酬が規定され、この点では一般病床・回復期病床・地域包括ケア病床・療養病床においても同様である。また、それが退院に向かう推進力となっているが、情報の非対称性の一側面として患者・家族はそのような制度であることを知らないため、MSW が、病院側の専決的な退院判断において「否定的感情」をもつ患者や家族に対し、病院機能の説明等の「半歩先を伴走する」かかわりをもつ（pp.74〜75）。またこうした医療機関の状況に対する MSW の姿勢

は、「形式的な肯定的受け止め」として、早期退院の前提は受け入れているが（p.74）、可能な限りのソーシャルワーク支援の確保のために努力していることが示されている。しかし、時に、「ソーシャルワーカーが患者や家族の問題を十分にアセスメントしきれないまま患者が他病院に転院したり、ときに時間に追いまくられながら援助」し、「気がかりな終了」となることもある（p.79）。

　医療機関においてこうした状況が生じるのは、医学モデルによる制度にその一因があると考えられる。つまり、病名に規定される診療報酬に基づいた治療終了の判断や、制限された在院日数の期日のなかで退院しなくてはならないが、しかし退院はできないというアンバランスが生じることになる。また、三毛（2003）は大学病院（一般病床）での調査であり、林（2019）や衣笠（2015）は回復期リハビリ病床での調査であるが、衣笠（2015：150-151）においては、「入院期間の制限」のなかで支援を行っていることが述べられている。そして、林（2019）は、早期に転院阻害要因を見つけて介入することにより、支援期間をできるだけ確保し、より患者・家族が希望する転院先につなげるという「効果的支援」を検討している。

2　退院先についての意思決定の支援

　医療の場面では、「生存」の価値を優先した判断を医療スタッフが下すこともあり、その影響を受け、ソーシャルワークにおいても患者の自己決定のみで展開するわけではない。

　衣笠（2015：138-148）は、退院・転院先にどのように退院していくかという意向について、MSW は「クライエントの希望を見出す」「家族の希望を把握する」に加え、「チームによる支援の方向性」の間で調整することを述べている。

　また、林（2019：119-141）は、MSW による患者・家族の退院先の意向の計量的評価を従属変数として、調査者が任意に設定した独立変数（ADL・家屋状況・医療行為等）の影響を重回帰分析したところ、患者より家族のほうが、従属変数に影響を与えた独立変数の数が多いことから、「家族は患者本人と比較して、多様な視点から退・転院先を検討してい

る」と結論した。

　林（2019：141-157）は、ソーシャルワーク支援記録の204事例を計量的に分析し、回復期病床における退院先を巡っては、患者と家族の間に意向の乖離が生じること、および両者の間には緊張関係が存在することを指摘した。そして、ソーシャルワーカーは、患者と家族の緊張関係を意識した支援として、「患者本人が遠慮して本音を言えない」「家族との話し合いがうまくできないこともあり得るため、その場合MSWが間に入ることで、双方のコミュニケーションを促進する役割が求められている」としている（p.157）。

　また、家族と患者の意向には乖離や葛藤が生じることが示されており、こうした傾向は、衣笠（2015：150）の「一見、『クライエント本人の希望』よりも『家族の希望』が優先されているように見える事例が多く見受けられるが、それは病院というハビトゥスという要件だけではなく、ソーシャルワーカーが担保しようとするクライエントの生存環境が、家族の希望とたまたま一致する（＝クライエントの介護を隠避する家族の希望と、家族以外の場に生存環境を求めざるを得ないソーシャルワーカーの支援の方向性が一致する）という表面的な現象に過ぎない」という考察からも確認される。

　さらに、衣笠（2015：150）は「現に、クライエント本人も家族（長男）もともに在宅復帰を希望しているにもかかわらず、チームの方針を受けてクライエントの施設入所の方向性を探るという事例14の存在は、クライエントの家族の『希望』よりも、クライエント自身が生きてゆくことのできる『場』の設定を優先して方向性を選択した、ソーシャルワーカーの判断を示すものであろう」とも述べている。

　つまり、どのような場所に退院・転院するかという患者や家族の人生の重要な岐路について、患者・家族の意向に先行して判断するソーシャルワーカーの視点というものがあり、それは医療機関における「チームの方針」に影響を受けていると解釈される。

3　退院先決定後の展開

　衣笠（2015：148-149）は、「退院後の生活方法・手段の提案」という

カテゴリーにおいて、MSW が各種の社会資源や介護保険サービスなど
を用いて、クライエントの「生存の場の確保」を行うことが、「ここで
のソーシャルワーカーの主要な関心となる」と述べる。

　医療機関における「チームの方針」や MSW が優先する課題が、「生
存」であるか否かは衣笠 (2015) の調査をもって断定することはできな
いが、前項における例示 (p.150) においては、患者・家族の「希望」が
一致していたとしても、チームにとって最重要とされる価値観である
「生存」に反していれば、MSW が「チームの方針」を優先する判断を
下す場合があることが示されている。こうした背景には、医療機関にお
ける支援上の関心には、病状や治療において医療チームによって予測可
能な範囲があり、医療機関における情報の非対称性の下、患者・家族の
予測性が伴わない「希望」に安易に従うことは、結果的に患者・家族の
不利益に帰するということを MSW が経験的に感じているということ
が推測される。したがって、三毛 (2003 : 101) にみられるように、
MSW は「今までの退院援助の経験から家族以上に患者の生活再生の方
向を見通せたりできる」と考え、「半歩先を伴走」するという支援姿勢
になると考えられる。また、林 (2019 : 160-185) は退院計画において、
その「計画の変更箇所数」は「退院計画に対する患者の満足度」に有意
な負のパスを示し、さらに「退院計画に対する患者の満足度」は、「自
宅退院後の患者の生活満足度増減」に有意な影響を与えていると述べて
いる。このようなモデルの仮説を立てた背景として、医療機関において
は、支援者が正しく予測された計画を立て、それに則って支援を行い導
くことが患者の生活満足度に貢献するだろうという認識が読み取れる。

4 老健への退所支援への援用性と老健の場に適した検討の必要性

　医療機関の環境的な特徴としては、在院日数が制限され、MSW と患
者・家族の社会的な調整における十分な時間の確保が難しいなか、ソー
シャルワークを展開する必要があることが考えられる。このようななか
で、患者や家族の希望をもとに支援の展開を図ることが衣笠 (2015) や
三毛 (2003) において確認できる。また、可能な限りのソーシャルワー

ク支援を実施しようとする工夫や努力は、林（2019）における転院阻害要因の早期発見と介入や、三毛（2003）の「調整しがたいミスマッチ」における「ソーシャルワーカーのこだわり」が、転院が円滑に進まなくなるとしても「少しでも患者・家族により良い転院先をみつけようという思い入れ」のある支援の展開（pp.96-97）にみられる。

こうした医療機関の退院・転院支援におけるマネジメントを伴うソーシャルワークは、従来的な長期療養施設から平均在所期間の低減が求められるようになった老健においても参考にできると考えられる。しかし、老健においては、診療報酬制度における、在院日数の長期化に伴う日当点の低減制のように、個々の利用者における入所日数を実質的に規定する介護保険上の規約はない（老健においては入所の長期化により加算がなくなることはあるが、減算されることはない）。また、フレイルや要介護状態であることを理由とした老健の入所においては、治癒の定義も曖昧となる。さらに、老健はICFを事業運営の視点として掲げているため、身体状況の改善だけを理由に、退所に向けたカウントダウンを切ることを理論的に通用させることができない。また、医療者らで構成されるチームの方針が患者・家族の希望より先行、超越した意向として患者・家族に適用するという考え方については、その思想的な根拠は先行研究から見出すことができなかった。少なくとも、老健においては、終末期を迎えて入所する利用者もおり、生存することが絶対的で最上の価値観となるとは限らない。こうした医療機関との環境要因の相違は、老健の退所支援の展開に違いをもたらすと考えられる。

また、衣笠（2015）および林（2019）は、退院先を巡って患者と家族の間に、退院先の意向の乖離などを理由にした葛藤が生じていることを述べている。こうした点は、老健においても指摘されており（間嶋・和気，2017）、要介護者と介護者という立場の相違により乖離が生じることとなる点で同様の構造があると考えられる。

さらに先行研究により、「乖離が生じている」という実情や課題が実証的に示されたとはいえるが、その課題にどのような支援をするかという点については実証的に示されているとはいえない。例えば高山（2019）は、林（2019）が提案する支援方策について、「その根拠が必ずしも見えてこない点、さらにどのように取り組みを行うのか、その根拠

と方法が示されていない点」を指摘する。つまり、支援課題における実証性（根拠）と、対応する支援方策における実証性（根拠）はそれぞれ検討する必要があるということである。こうした点を踏まえ、老健という環境を反映した退所支援における課題や支援方策は改めて検討される必要がある。

第 2 章

ソーシャルワークと EBP

前章では、要介護者と介護者をめぐる複雑な状況のなか、経験と勘による実践の限界が支援相談員の不適応状況を惹起させることを述べ、科学的な実践の必要性を整理した。

　わが国のソーシャルワークは、三島（2007）において詳述されているように、隣接学問領域を含めた多様な理論の援用によって特徴づけられる。

　ソーシャルワークは学際的な実践および学問であることから、周辺領域の理論等の取り入れは必然的なことである。しかしながら、過去に紹介された科学的実践を意図した理論のうち、実践現場に定着した実践理論は必ずしも多いとはいえないように思われる。特定の領域および各国に特有の文脈や文化のなかで発生した理論を、その文脈抜きに成文化された部分のみを切り出して、異なる実践現場への投入を図ったとしても、国際的あるいは学際的な文化や実情の差異などが考慮されたうえで実用化されなければ、当該領域のローカルな文脈と整合せず実践で根づくことは難しいだろう。

　しかし、実践における事実に肉薄したデータから科学化を志向した方法によって導出された実証的な知見が、実践者や研究者によって着実に生成されている側面にも注目される。実践者としては、こうした研究知見を適切に吸収し、実践に還元していく必要がある。しかしながら、研究を生成するための方法論や指南書は充実し、豊富な研究成果がある一方で、研究知見を実践に還元するための方法論は乏しく、このギャップは問題意識としてソーシャルワーク領域において強調されるべきだろう。

　本章では、実証性のある科学的な研究を用いた実践アプローチであり、一般性のある理論や知見を個別の実践に活かす方法論として、ヒューマンケア領域全体で注目される Evidence Based Practice（以下、EBP）を、ミクロなソーシャルワーク領域での活用に向けた理論的整理を中心に検討する。

1 | EBP の概要と個別支援のソーシャルワークに向けて

　EBP は、内科医であり臨床疫学者である Gordon Guyatt により提唱された医学領域における Evidence Based Medicine（Guyatt, 1991）に端を発し、その後医学のみならずヒューマンケアに携わる領域の科学的実践におけるもっとも大きな潮流の一つといってよいだろう。EBM という名称は Guyatt によって名付けられたものであるが、彼は当初このアプローチを「Scientific Medicine」と呼んだ。しかし、この名称では暗にこれまでの診療が非科学的だという意を示すことから、彼の周囲の反対を受け、その後「Evidence-Based Medicine」（以下、EBM）という新しい名称を考案した（Sur, R. L. & Dahm, P., 2011）。

　このエピソードから解釈されることは、Evidence とは直訳すれば「根拠」だが、ここでいう根拠とは「科学的な」という意味が含まれると考えられる。さらに、この名称は少なくとも「EBP」の実態を客観的に言い当てたものではなく、Guyatt による提唱時の造語であり、当時の彼の感覚に依拠している。そして、「科学的知見を根拠とした実践」、あるいは「科学的知見に基づく実践」のいずれでも意味が通じるように、「基づく」と「根拠」の両方の言葉の意味に科学的知見をどう扱うかが重複して修飾されており、文意の混乱が指摘される。したがって、このネーミングを厳密にとらえる必要はそれほどないことがわかる。

　しかし、「基づく」という語を字義的にとらえると、「その通りに」という意味を引き出しうることから、後述するように、エビデンスが示すとおりの実践を行うという、誤った実践を惹起させたのではないかとも考えられる。Nevo ら（2011）は、EBP がエビデンスに依拠すると言い切ってしまうと、臨床判断にとって重要な他の要素の統合が難しくなると指摘している。

　そして、Nevo ら（2011）はこの批判の展開として、「Based」に代わり、「Informed」が用いられた「EIP（Evidence Informed Practice）」という名称を提唱し、英国を中心とした一部の国や領域で用いられている。EIP を和訳すれば、「エビデンスを活用する実践」と意訳されるだろう。秋山（2011）によれば、EIP はポストモダンの潮流の影響を受

け、「一回起性」「個別性」を重視し、「エビデンスを受け入れることばかりでなく、受け入れないことも想定している。受け入れない可能性はあるものの、科学的エビデンスを伝える義務がある」との立場により、EBP とは弁別されるという。

　しかし、後述するように、今日の EBP は既に EIP が主張する要素を取り込みつつ発展しており、EIP が EBP と弁別されるアプローチとして扱われるほどの理論や方法論としての独自的な展開は認められない。したがって、本研究では「エビデンスを活用する実践」という意味も込めて「Evidence Based Practice (EBP)」という名称を用いることとする。また、ソーシャルワーク領域においては、Evidence Based Social work という名称で論じられることもあるが、基本的な議論は医学領域の EBM にしたがっているという指摘（Smith, 2004：7）もあり、共通する用語も多い。したがって、本研究では領域共通の議論として、「EBP」を用いることとする。

　また、大島（2016：6-7）は、EBP において、個別支援をミクロ、集団支援をマクロと視点の違いを整理している。大島（2016）が後者に活用される EBP を論じているのに対して、本研究では前者に活用される EBP を論じる。個別支援における EBP の定義は、EBM の先駆者の一人であり、Gayatt の師匠とされる Sackett（1996）の「個々の患者のケアにおける意思決定のために、最新かつ最良のエビデンスを、一貫性を持って、明示的に、思慮深く用いること」が多く用いられる。

　ここで注目されるのは、患者の「ケア」と記されていることであり、治療的アプローチや介入などに限定された方法論ではないということである。しかし、EBP を説明する文献には、無前提に治療的介入における局面を論じているものが散見される。本論は、こうした論述のあり方が EBP への誤解曲解を招きうると批判的な見解を示すとともに、EBP の「Practice」が指示するものは「ケア」であり、Intervention に限定されないことを指摘する。また、斎藤（2018：64）によれば、EBP とは「臨床判断のプロセス」であって、効果が実証されたアプローチを用いることが EBP というわけではない。そして Evidence とは、「そのプロセスに利用される『科学的な』情報（原則として学術論文）」（斎藤, 2017）である。

ソーシャルワークにおける EBP は、EBM の影響を受け、1990 年代後半より論じられてきた。その後、初期の EBP の議論は、権威主義の実践から科学的な知見を根拠とした実践へ（Gambrill, 1999）、という実践のパラダイム変換を促すことを主旨に論じられるようになった。

　わが国では、大橋（2005）が、EBP がソーシャルワークの科学化に資すると論じ、ソーシャルワーカーの個々の実践に対する「引き出し」が有効に機能するためにも EBSW（Evidence Based Social Work）が重要であると紹介された。また、秋山（2005）は EBP の概念や基本的な方法論を体系的・包括的に説明している。その後ソーシャルワーク関連学会等において、2000 年代にかけて活発に議論され、EBP の基本的枠組みや実践に適用するうえでの課題が検討された。

　EBP に関して、わが国で特筆的な研究として挙げられるのは、芝野松次郎の「M-D&D」による「SW 実践モデル」と大島巌らを研究グループとした「CD-TEP 法」による「EBP（等）効果モデル」の構築が挙げられる。両者は、支援におけるモデル（一般的・標準的な支援方法）の構築である点は共通しているが、前者は説明性（アカウンタビリティ）を重視し、後者は効果性の確保が主たる目的という差異がある。

　M-D&D では、その問題意識の一つとして、「日本では手続き的な実践が少ない」ことが挙げられ（芝野, 2005）、手続き化することで、実践内容が可視化・透明化され、アカウンタビリティが図れると述べられている（芝野, 2015：13-14）。つまり、実践が言語化・構造化されたフロー・チャートのなかに位置づけられることで、フロー・チャートのなかのどの作業を行っているかが明確となり、説明可能になると考えられる。このような手続きのなかで、芝野（2005）が指摘する「場当たり」的な実践から全体の定式的な流れのなかで行う実践、アカウンタビリティが担保される実践、「誰が実施しても同様の効果を上げられる」（芝野, 2015：8）実践が確保されていくということである。

　一方、EBP 効果モデルは CD-TEP 法により構築され、限られた資源を効果的に配分することに目的意識の一つがある。効果モデルの開発段階においては、当事者や利害関係者、領域の熟達した実践者などを招聘し、グループワークを通じて問題意識や効果的な実践要素（実践知）を集積し、モデルが形成される。そして、プログラム評価と発展的な効果

モデルの構築を循環させながら、実践の効果性のデータを集積し、最終的にはランダム化比較試験（Randomized Controlled Trial（以下、RCT））が実施された EBP プログラムが目指される（大島, 2016：12）。

M-D&D および CD-TEP 法の両者は、いずれも一般的・典型的な支援方法の開発に主眼があり、新規的なソーシャルワーク事業や、事業所の環境開発（改善）、ガイドラインの作成に用いられることになる。また、これらの研究成果は、当然個別支援においても用いられるが、あくまでもモデル構築の視点は、ミクロな視点からの開発ではなく、大島（2016）が明示しているとおり、マクロな視点からの取り組みである。それは、介護保険法は個別支援に用いられるが、制定する際の視点は国家レベルにあり、法の運用において個別性に焦点が当てられているとはいえないことと同様である。M-D&D においても、例えば全国の児童相談所を対象としたモデルの構築を図れば、必然的に国家レベルの視点に至るように、全国的な事業所での普及を前提に構築されることになるため、個々の利用者の個別性、地域や事業所の独自性を超えた一般性を志向して構築される。したがって、両者は、根拠に基づく支援モデルの開発であり、これらのモデルにしたがって実践することは実践者に不可欠なコンプライアンスといえるが、両者の研究法は、個別の実践のなかでどのような臨床判断を行っていくかという本研究の問題意識とは異なる点がある。

また、後述するように、複数の論者が手続き化された実践に対する批判を寄せている。しかし、芝野（2015：54）は、ここでいう介入手続きとは、医療などで標準的かつ詳細な治療手続きを示す「プロトコル」のイメージに近いと論じている。一般モデルと個別支援の個別性に対する関係は、ガイドラインを知らない、あるいは守らない医師を受診するのは控えたいが、ガイドラインどおりにしか診療しない医師も受診したくない、という状況と同型と考えられる。個別的なソーシャルワークにおいて、対象者の個性と向き合う視点（ミクロ）と、それより巨視的（マクロ）に実践をとらえる視点の違いは、後段にて詳述する。

上述してきたように、ソーシャルワークにおいても EBP の理論的な枠組みが検討され、また、モデル開発の手法によって、一部の領域では理論的な根拠がある実践も生まれていると考えられる。しかし、個別支

援のソーシャルワーク実践において、EBP が十分に浸透しているとは言い難い。米国において EBP の教育課程をうけたソーシャルワーカーに対し、十分に EBP がなされているかの調査（Grady ら，2018）では、EBP における全体的な混乱感として、教育的準備不足、媒介する資源の不足が挙げられている。ここでいう「媒介する資源」とは実践者がエビデンスにアクセスするためのデータベース（二次情報）や、エビデンス情報そのものを指していると考えられる。さらに Renske ら（2016）は、オランダにおいて学生時代に EBP に関する教育課程を受けた者は、そうでない者に対して比較的 EBP に対する肯定感が高いものの、EBP を行うことへの意思や、実際の業務で行っているかについては低い回答だったことを報告している。

　EBP は実践に関する理論であるが、理論をどのように実践で活用するかは、自動車などの工業製品の開発から生産ラインに至るプロセスと同様に、実践で試行しつつ検討する「実用化」の議論の段階が必要だと考えられる。しかし、少なくともわが国のソーシャルワーク領域では、EBP の実用化の議論には至っていない。一方、医学・看護・リハビリテーション・心理領域をはじめとした他領域においては、EBP を臨床でどのように実践していくかという実用化に向けた補正的な議論が現在に至るまで続けられている。しかし、日本のソーシャルワーク実践領域では、大島（2014）が、実践においてエビデンスを求める姿勢が、実践者や行政官に欠けていると指摘しており、近年個別支援における EBP に関する議論を見かける機会は多くはない。

　しかし、EBP はヒューマンケア領域全体に浸透しつつある、科学的研究知見を用いた実践の方法論であることから、研究と実践の両輪のシャフトとなりうるともいえ、研究と実践の乖離がたびたび指摘されるソーシャルワーク領域において、議論の停滞を等閑視できるものではない。

　したがって、以下の項では、EBP の批判と修正された議論についてソーシャルワークにおける先行研究を枠組みにしつつ、他領域における議論を参照しながら、ソーシャルワーク実践における EBP を実用的に適用するためのあり方について検討していく。そして、Gilgun（2005）は、ソーシャルワークにおける EBP の検討においては、他の専門職の

経験を取り入れるべきであると主張しており、本研究においても EBP の実践への適用方法やその議論について、医療領域の EBP を参考にする。

　EBP はその批判も多く、ソーシャルワークにおける EBP の議論においても批判と反論の応酬がなされてきた。これらの根本的な共通因子は、「エビデンス主義」と「RCT の至上視」に分けられ、これらが解消しないことで、「現実的な方法論ではない」との批判に至り、実践にも浸透しないため、解決すべき理論的課題と考えられる。

　EBP への批判に対して、EBP を促進する立場から、その批判を「誤解」に基づくとする反論 (Gibbs & Gambrill, 2002, Jenson & Howard, 2013) がある。しかし、EBP への批判が誤解によるものとは必ずしもいえない。例えば「エビデンスがない」といって対象者の選好や専門家の経験を切り捨てる類の実践現場で散見される言説が、後述のとおり「誤解」であるように、「誤解」は EBP を促進する立場のものにもある。したがって、批判は EBP の誤解に対する批判ともいえる。また、EBP の発展という視点からは、批判を棄却するための反論が、EBP の発展に結びつくとは必ずしもいえず、EBP は批判により軌道修正をしつつ発展してきた、という表現がより正確だと思われる。次項では EBP における課題として、「エビデンス主義」と「RCT の至上視」を取り上げ、その理論的な解決を検討する。

2 ┃ EBP への批判に基づくソーシャルワーク実践に向けた修正

■1 エビデンスに基づくという誤解から統合的な EBP へ

　EBP においては、エビデンスに則ることに偏重した主張もみられるが、本来は、科学的知見のほかに患者の嗜好や、実践者の経験を総合させて臨床判断を下すアプローチである。

　エビデンス主義とは、「エビデンスに基づく」ことを主義化した実践を指して用いる。前出の Sackett ら (1996) における「最良のエビデンスを用いる」という定義を字義的にとらえて「エビデンスに基づく」実

践といえば、言外から「対象者の嗜好や実践家の経験ではなく」という意味が引き出される。そして、エビデンス情報以外の事象を捨象することになればEBPは「エビデンスに基づくこと」が強調され、「エビデンス主義」に至ることになる。それに従えば、支援の展開はエビデンスによって導かれ、エビデンスは情報であり不変であることから、エビデンスに導かれる支援も常に不変となり、すなわち定式化された支援が肯定されることになる。そして、このプロセスには支援者の主観的判断はないことから客観的支援が概念上成立するようにみえる。

　これに対し、「料理本のような実践になる」との批判があることをGibbs & Gambrill（2002）は述べている。また、EBPがソーシャルワークにおいて提唱された早期から批判的考察を行っているWebb（2001）も、「証拠に基づく手続きに内在する『事実』と『値』にプロセスを分ける傾向が、ソーシャルワークにおける専門家の判断と裁量が損なわれることを示唆する」と述べている。つまりここでは、対象者それぞれの出来事の意味の多様さが、無機的な数値に変換されることと、エビデンスという情報によって規定された無機的な実践につながりうることの危惧が述べられている。

　また、エビデンス主義からは、エビデンスに沿わない意向や行動について、実践家が「エビデンスがない」と拒否的な対応をとることを導きえる。特に医療分野では、従来からの還元主義に統計学が加わったことによる科学的合理性が人間の物質視・機械視につながり（谷田，2007）、こうした状況についてソーシャルワーク論からは「過度のRCTの重視は、患者の意向を軽視する動きがみられる」（佐藤，2007）と指摘されている。

　科学は真理の追究だとすれば、科学的知見は真理（＝誰にとっても同じ事実）や真理に近接した知見となる。したがって、その定義により、科学的知見に基づいた支援者の正しい判断は対象者にとっても正しい判断のはずである。そして、それに反するエビデンスがない情報（患者の声、専門家の経験や非言語的な実践知）は、確証性のない情報であり、エビデンスどおりの正しい理解に至らないノイズおよび誤差だと扱うことができる。

　しかし、支援の定式化に対して、Gibbs & Gambrill（2002）におい

ては、「患者の声を重視する声」「臨床家の判断を重視する声」という批判があることが述べられている。また、「ナラティブ」を重視する立場からは、「クライエントがつむぐ物語に耳を貸さない血の通っていない方法論」という批判が生じることになる（荒井，2014：148）。

　そして、Greenhalgh & Hurwitz（1998）では、Narrative Based Medicine として、対話を重視した実践が提唱された。Greenhalgh は医学における EBP の推進者でもあり、両者を対立的にとらえてはいない。しかし、従来的な科学論が依拠する、認識論としての客観主義や方法論における実証主義などのモダニズム的思想と、ナラティブ論が主に依拠する社会構成主義の対立構造も背景として、Greenhalgh の意図とは裏腹に、臨床アプローチにおいて、エビデンス VS ナラティブという対立的あるいは択一的な議論が一部みられることになる。

　そして、EBP は、エビデンスを偏重し、エビデンスが推奨する（後述するが、正確にはエビデンスが掲載された論文の著者、あるいは論文を読んだ者が推奨する、である）支援方法を至上と考える EBP から、支援対象者の声や専門家の経験等を適切に取り込むという EBP に軌道修正が図られた。

　Sackett ら（2000：1）における EBP の定義では、「最良のリサーチエビデンスと臨床上の専門的経験およびクライエントの価値観の統合」と、統合することに力点を置いた内容となっている。これは、前出の Sackett ら（1997）におけるエビデンスを用いることに力点がおかれているように読み取れる定義から変化していると、Jenson & Howard（2013）では指摘されている。また斎藤（2018：64）は、EBP とは「多くの人がそう思い込んでいるように、効果が実証されている（エビデンスのある）治療法でクライエントを治療することではない」とし、「プロセスにおいて、エビデンス（情報）を利用しつつ、個別の臨床判断をしていく」ことと論じている。そして、Sackett ら（1997）の**図 2-2**（p.57）が再説明に用いられる。つまり、統合的な EBP は、エビデンスとその他の要因を統合させるといういわば原点回帰である。

2　支援を定式化させるべき EBP〜ミクロな視点とマクロな視点〜

　EBP においては、個別支援だけではなく、集団や社会全体を対象に

した施策においてエビデンスを活用するという形もあり、それは Evidence Based Policy Making（EBPM）と弁別的に述べられることもあるが、ソーシャルワークにおいて、Jenson & Howard（2013）にみられるように、単に EBP として個別支援における EBP と同列に論じられることもある。

　これに対し大島（2016：6）は、集団を対象としたソーシャルワークにおける視点をマクロ、個別支援的な視点をミクロとし、弁別を明示している。

　マクロという用語に関して、室田（2013：309-310）は、マクロ実践の対象とするものを「組織やコミュニティ」とする場合や、「政策分析や政策策定への関与」とする場合などがあるが、「その定義は固定されたものではない」としている。例えば、国家的な視点が常にマクロかといえば、グローバルなソーシャルワークの視点からは、そのうちの一つの国家や都市はメゾといえる場合もあり、ミクロやマクロという用語によって特定の対象を示すことができないことが理解されるだろう。したがって、ミクロ・マクロとはある対象を基準にした微視的・巨視的というベクトルであり、これらの用語によって特定の対象を示すときには、文脈に依存するか、操作的定義によってなされる。また、両者の対象のいずれかが不明確な際に、メゾレベルの対象を設定するのは言語的な誤謬である。そこで、本研究でいうミクロな実践とは、わが国のケースワーク的業務のなかでいう個別支援と操作的に定義する。そして、大島（2016：7）では、それよりもマクロなベクトルにあるものを「マクロ実践」として、いわゆるメゾレベルも一括しており、本研究においてもそれに従う。

　マクロな視点では、対象者の個別的な意向を対象とするのではなく、集団や社会のニーズを対象とするが、「限られた資源を最も有効に活用するために優先的に配分する」ために、一般性の高い、標準化されたエビデンスを尊ぶことになる。

　前述のとおり、マクロな視点をもった実践やその研究は、様々な実践の場所や実践局面を包括したモデルを提示する点で、実践を個別的にとらえず、より全体的・巨視的（マクロ）な視点に立つ。つまり、一般性を基準として個別性に焦点を当てたものではなく、個別性を超えた一般

的な対応方法を規定するものである。また、同様にマクロ視点からのソーシャルワーク実践の開発手法として、プログラム開発（大島, 2016）にもみることができる。

　手続き化された実践やガイドラインやマニュアルに従った個々の実践を「同じ」ととらえる限り、統制群をつくることができ比較対照試験の構想も可能となると考えられる。しかし、実践現場の複雑多様さは、ある定式的な手続きによって完結できるものではなく、ソーシャルワーカーは再帰的で、不確実性のなかで対象に携わっており、客観的証拠に基づく決定または確実性に基づく意思決定過程を有しているとはいえないという指摘（Webb, 2001）がある。

　確かに、ソーシャルワークの個別支援においては、全く同一の状況や展開は起こり得ず、定式の対応に終始することではなく、個別的な状況に最適化された支援が求められる。また、ソーシャルワークの個別的な状況のなかでの意思決定においては、流動的な周辺状況を踏まえた決定が求められ、客観的で定式的な決定ができるとは考えられない。つまり、個別化の原則からも導かれるように、「違い」に留意された実践となる。しかし、例えば老健の退所支援でいえば、個別的な内容は違っていても同じ「退所支援」である。さらに、「利用者の意向を取り込んだ支援計画を立案する」ことは、例外を除けば、施設や状況の違いを超えて必要であり、つまり実践を俯瞰する視点によっては「同じ」実践がなされていることになる。また、仮に、ソーシャルワーカーの支援が、利用者本人の意向が不在のままに決定した移転先に受入れ確認をするだけの調整業務だとしても「退所支援」と言えるが、それは適切な退所支援とは「違う」。したがって、ソーシャルワークの価値を反映しつつ、複数の価値の妥当性が内包されたモデルやプログラムを策定し、「同じ支援」（すなわち標準的対応や手続き）が示される意義はあるといえる。

　このように、ある状況を指して、「同じ」とも「違う」ともいえ、退所支援という「同じ」実践のなかにも、個別化された「違う」実践があり、同じ退所支援といっても適切な退所支援とそうではない退所支援は「違う」。その際、同一と差異を分けているのは、ミクロ（微細的）とマクロ（巨視的）視点の極間における程度の高低である。つまり、ソーシャルワーク実践は標準的支援において個別化した支援を行うという矛

盾的な言説も、ミクロとマクロ間の多元性のなかで並立する。同様なミクロとマクロでの次元の異質さは、経済学での「合成の誤謬」がよく知られているが、マクロ視点からのソーシャルワークの取り組みに対して、ミクロな実践では個別で異なるという批判を行うとすれば、それは「誤解」である。

3 エビデンスとナラティブの統合

　本項では、エビデンス主義の解決として、対象者のナラティブとエビデンスをどのように調和あるいは統合するかを検討する。その結論は、エビデンス自体には特定の意味は内包せず、意味づけとしてのナラティブを欠いて存立しないということである。つまり、エビデンスとナラティブは対立的な概念ではなく、不可分な関係にある。

　本研究では、ナラティブやナラティブ・アプローチ自体を論じることが目的ではないが、EBP ではナラティブは「クライアントの意向」に該当するものと考えられ、その統合を論じるにあたっては、ナラティブという用語の本研究上の定義を示す必要がある。

　荒井（2014：8）によれば、ナラティブの意味は多義的であり、「物語という場合には」、「筋書きのあるストーリー」であり、「『語り』と訳される場合には、ある個人の経験に基づいた発言を意味」し、「『声』」と訳される場合には、「大きな声に押しつぶされそうな小さな声」と訳される場合もあるという。これらは、主に支援対象者を話者とした、そのテクストや行為であるといえる。また、Meza & Passerman（2011, 岩田（2013））において、「エビデンスの中にナラティブ性がある」と論じられるとき、このナラティブには特定の話者を想定していない。このように、ナラティブの語意は多義的であるが、それらを基礎づける定義は、斎藤（2012②）による「言葉をつなぎ合わせることによって経験を意味づける行為」であると考えられ、これを本研究における定義とする。

　前項**1**では、個別支援における EBP の原点回帰的な議論のうちにエビデンス主義を排す議論がなされていることを述べた。しかし、出発点として、三位一体が説かれていたなかで、エビデンスの偏重がもたらさ

れた経緯を考えれば、いくら原点回帰を謳っても循環的な経路をたどると考えるべきで、どのように統合されるのかが方法的に明示されなければならないだろう。特に、エビデンスにより推奨される行動というものがあるとすれば、それが対象者のナラティブと一致しない場合に、どのように統合されるべきかという臨床上の課題が解かれる必要がある。

　ナラティブとエビデンスの統合という視点で方法論的に論じたものは、Meza & Passerman（2011，岩田（2013））にみることができる。Meza & Passerman（2011，岩田（2013））は、一つの真実（＝真理）を措定しその真実を発見するのが科学とする実証主義を「棄却」し、「一つの真理」の存在を措定しつつも、誰もそれを完全に理解することはできず、近接することができるだけだとする「現実主義（realism）」に立脚し、また、科学とナラティブの背後にそれぞれある認識論を混ぜ合わせていく、という立場をとる（pp. XV-XVI）。このような見解は、Sackettら（2000：3-4）においても「真理に近接している（closeness to the truth）」という同様の表現が確認されている。さらにそれがソーシャルワーク領域において Shlonsky & Gibbs（2006：104）に引用されていることが確認されることから、EBP におけるドミナントストーリーであると考えられる。

　そして、Meza & Passerman（2011，岩田（2013））は、エビデンスが対象者のナラティブに影響を与える側面から「情報を、彼らが理解できるような枠組みの中で提供」していくことが重要だとする（pp.174-193）。さらに、各種の研究方法から生成されるエビデンスは、その方法に応じたナラティブがあり、エビデンスのなかにあるナラティブ性に留意した実践を行うこと（pp.64-83）とし、エビデンスとナラティブを不可分（統合的）に実践していくための面接技術的な指導がなされている。これらの言説からは、エビデンスのなかにナラティブ性があると同時に、対象者のナラティブのなかにエビデンスが取り込まれる相互関係のなかに一体的な構造を想定し両者の統合を図ったものと考えられる。本研究で着目される Meza & Passerman（2011，岩田（2013））の論旨は、エビデンスが真理に近接した知見となると解釈される点と、エビデンスにナラティブ性が自存し、支援者および支援対象者はそれを正しく引き出し、対象者に伝えるという点である。

しかし、「科学は真理への接近」という認識に基づき、エビデンス自体にナラティブが自存するとなれば、科学的知見とは、誰にとっても同じ事実（＝真理）であり、それに近接したエビデンスが推奨する行為があることになる。そして、エビデンスと患者の選好との間が一致しない場合があることとなれば、真理性をめぐり、EBP の理論は実践の場において論理的矛盾をきたすと考えられる。あるいは、真理に近接した知見であるエビデンスとその他の意向が異なるということは、いずれかが「間違っている」という帰結を招き、「真理に近接した知見を理解できない対象者」「真理とはほど遠い意向を持つ対象者」、すなわち、臨床場面で散見される「理解力のない対象者」と俗にいわれるスティグマが成立する。つまり、情報の非対称性を背景に、支援者が優越した立場になるというエビデンス主義がもたらす弊害を崩すことは難しいと考えられる。

　一方、京極（2006）は、構造構成主義エビデンスを提唱したが、同論の背景となる構造構成主義では、科学の成立要件に「真理」を措定せず、その代わりに「同一性」（池田，1998）をおく。また、事物に意味が自存することはなく、「存在・意味・価値は主体の身体・欲望・関心と相関的に規定される」という関心相関性（西條，2005：53）を原理に据える。このような立場からは、主体の身体・欲望・関心の相違がある以上、エビデンス（構成された構造）の意味づけや、価値の高低が異なることが認められることになり、上述した EBP の理論上の瑕疵が生じないと考えられる。

　こうした立場に適合する実践論として、斎藤（2012①：59-60）は、「『あなたが 1 年後に生きている確率は 20％です』とかいう数字だけを提示されたとしても、患者にとっては何も告げられていないと同じ」と述べている。つまり、支援者にとっては集団における確率が重要であっても、個人における 20％とは何に係る数値かわからず、支援者と対象者において同様の意味をもつわけではないことが指摘される。すなわちエビデンスそれ自体に、特定の実践を指示するような意味は内包されていないということである。

　エビデンスは、ある条件のなかで成立した事実について記述された情報であるから、疫学的な研究では「相対リスク減少　0.36」のように

記述され、質的研究では「十分な患者情報を得られないまま、転院を指示されたと訴える患者の家族には『待ちの姿勢』があった」などと記述される。そこから、「製薬会社の支援を受けた研究だから効果性が誘導されているかもしれない」「待ちの姿勢にならず、積極的な行動を呼びかけていく必要がある」等の意味を引き出すのは、論文の著者の主観的な考察であり、あるいは EBP の Step3 における、エビデンスを吟味する各人の主観である。また、主観という言葉はこの場合、意味づけを含み、前述の斎藤（2012 ①）の定義を踏まえ、ナラティブと換言することが可能だと考えられる。つまり、エビデンスにナラティブが内包されているわけではなく、エビデンスは特定の意味を指示しない。エビデンスからは多様な意味が引き出されうるが、エビデンスに多様な意味が内包されているのではなく、エビデンスからの多様な意味の引き出し方があるだけであり、その多様さは引き出す主体によって規定される。したがって、エビデンスが、意味づける行為を欠いて意味をもつことはない。すなわち、エビデンスとナラティブが対立的に存立することはなく、両者の関係は不可分な関係である。対立するとすれば、エビデンスから特定の意味を引き出した者のナラティブと他方のナラティブが対立しているのであり、一方のナラティブを根拠として、正誤や善悪を判断することはできない。

　したがって、EBP の Step3 のエビデンスの吟味において、支援者が価値を見出したエビデンスでも、対象者にとって必ずしも同じであるとは考えられない。Step4 においては、「エビデンスが推奨する」として、直接的に実践に適用させることはできないのである。

4　「RCT 至上視」の誤解と批判

　「RCT 至上視」とは、RCT こそがエビデンスとしてもっとも質が高いと考え、それ以外の研究知見を RCT より質が低いと考えることである。またエビデンスを生み出す研究法を疫学的・実験的研究法に限定することへの誤解も含む。しかし多様な領域、局面で有効に EBP を実施するには、研究方法論のヒエラルキーを固定的に規定せず、状況や目的に応じて異なる研究法（RCT や質的研究など）を適切に利用するべきである。

例えば、日本老年医学会他（2019）では、在宅医療や介護サービスの実施におけるエビデンスに基づくガイドラインの作成にあたって、RCTやそのメタアナリシスが選択的に取り上げられており、質的研究を含むその他の知見は検討の対象となっていない。

　しかし、和気（2009）では、ソーシャルワークにおいては実験的研究における対象やアウトカムの統制が現実的・倫理的に困難であることが説明されている。確かに、社会生活のなかにおいて、アウトカムを生存率やADL機能などに単純化することも、反対に「生活の質」のような複合的で変動的な概念を定量化し、介入要因との因果関係を確証的に明示することも難しいと考えられる。少なくともわが国では、このような実験的研究は実施困難と考えられ、前出の日本老年医学会他（2019：12）では、「本ガイドラインは多くの海外からの報告を参考にしている」とあり、同書の研究知見は主として国外のものである。つまり、国内の「質の低い」研究より国外の「質の高い」研究を優先する主観的判断があったと考えられる。しかし、一方で「日本と同様な在宅医療・介護サービスを実践できている国はないといってもよい現状で、これらの海外からのエビデンスがはたして日本で実施されている在宅医療・介護サービス現場でどれほど有用なのかは、ガイドライン作成に関与した全メンバーの共通の悩みであった」とも述懐されている。つまり、国外の在宅医療や介護環境をわが国と同様として、母集団の均質性を想定し援用可能かという点については、学術的な根拠は乏しいと考えられる。

　また、医療領域におけるエビデンス情報が収められているCochrane Libraryには2018年現在、約140万のRCT研究およびシステマティックレビューを含む研究結果が格納されている。しかし、ソーシャルワークに活用されるRCT研究や比較対照群をおいた実験的研究の総量は、医療領域と比肩するとはいえない。全米ソーシャルワーカー協会（National Association of Social Workers：NASW）（2018）では、「RCT研究の実施は必ずしも可能でも、倫理的でもないことから、ソーシャルワーカーによるRCTを用いた介入研究は欠如している」と述べられている。2000（平成12）年にCampbellによって創設され、社会福祉領域の「質の高い」文献が収められていると紹介されることも多いCampbell Libraryの社会福祉領域の文献数は、2007（平成19）年には51件で

あったようだが（佐藤, 2007）、2023（令和5）年に筆者が確認したところ約100件であり、グローバルな社会福祉領域の実践および研究活動の総量と比すれば、当該データベースが実践者に紹介される意義を見失うほどである。

　したがって、エビデンスを得る方法論をRCT等の実験的研究法に限定することや、それを絶対的に質が高いとみなせば、RCTを実施した研究はソーシャルワーク領域にみることは極めて少なく、利用可能な臨床研究がほとんどないことになる。そして、EBPは現実的なアプローチではないという批判や、それができない実践のニヒリズムに帰結するという批判（Robert & Yeager, 2006：5）につながることになる。

　しかし、エビデンスのヒエラルキーは「取りうる方法として採用できる場合には」という前提をもつ性質があると考えられる。RCTについては、医学領域においても、例えば外科的処置においては盲検化や無作為割り付けなどの実験的処理を施すことは難しいといわれているが、Guyattらが示した図（**図2-1**）では、n of 1 RCTが最上位に位置づけられている。n of 1 RCTは、一人の被験者に対してランダムに割り付けられた複数の介入を繰り返し実施し、その効果を測定するというものである。このような方法では被験者の個別性を弁別することが可能であり、医学領域の研究生産能力を背景に、エビデンスが、数万単位に集積されれば、対象者の個別性に適したエビデンスを検索することが可能になるだろう。こうした研究をソーシャルワーク領域で行うことは、現実的に考えられないが、医学における内科的な処置についても、急性症状などへの実施は困難といわれている。したがって、この階層図は、「とりうる中で」という前提を含まなければほとんど現実的には成立しないということになる。このようなことからは、少なくともEBPの提唱者の一人であるGuyattが特定の研究法の価値を絶対視しているとは考えられず、また、Cochrane Libraryでは、質的研究を格納するための事業を始めていることからも、対象者の個別支援に役立つ多様な研究を活用できる体制の整備を続けており、EBPが質的研究の有用性を排除しているとは考えられない。

　ただし、EBPは情報の価値にヒエラルキーを認める原則がある（斎藤, 2017）。研究知見であれば「なんでもあり」ということではなく、

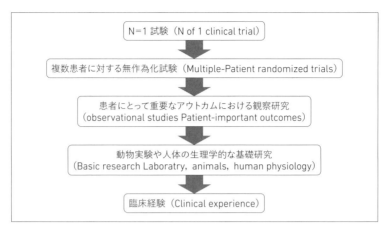

図 2-1　Hierarchy of Evidence（Guyatt. et al, 2014：11）

「最良のエビデンス」を吟味する努力が求められることは妥当である。しかし、上述の文脈における「RCT が実施困難であるから質的研究を実施」という選択のあり方は、ある意味では消極的選択ともいえる。そして、RCT のほうが科学性は高いが、科学性の低い質的研究をせざるを得ないという判断ならば、突き詰めれば、質的研究知見が多く用いられている領域は科学性の低い領域という認識を導きかねない。

　一方、物事の価値は関心の所在により規定されるという現象学的見解からは、定式的なヒエラルキーではなく、目的ごとにヒエラルキーが形成されるということになる。斎藤（2012①：22）によれば「臨床疑問のジャンルが診断であったり、副作用であったりすれば、横断調査や症例対象研究やコホート試験も、質の高いエビデンスとなるのである」といい、「患者の経験や意味」を診療に役立てるための研究法についての代表例として、質的研究法を挙げている。

　また、間嶋（2017）では、個別支援のソーシャルワーク実践においては、「効果」を目的に実施する実践や、あるいはそれが可能な局面は限局されることを指摘した。例えばアセスメントという局面において「効果のあるアセスメント」のような表現は言語上可能であっても、具体的に何に効果があるかは明示し難い。さらに、面接の場面で、一人の支援対象者の希望や要望を理解する際に、RCT 研究における効果測定に用いられた「A（例えば生存率）」というアウトカム項目を枠組みとするか、

あるいは、質的研究によって得られた「A～Z までの要望やニーズのバリエーションが存立しうる」という知見を適用するかを比較すれば、後者のほうが実践に有用だということは論を俟たない。したがって、対象者の志向性や支援場面の目的に応じて、エビデンスの価値は階層づけられ、RCT 研究の知見が低く扱われることもありうる。そして、反対に質的研究のほうが「質が高い」というヒエラルキーが形成されえることにもなる。すなわち、質的研究は実験的研究法が難しい場合の代替手段ではない。そして、この議論に基づけば、目的に応じた研究方法によって生成された知見が望ましいことになり、「RCT ではないエビデンスの質は低い」という壁を論理的に排することができ、質的研究を含め目的に合致した研究法による知見が「質が高い」ことになる。

つまり、EBP の Step2 の情報の検索においては、臨床上の疑問（Clinical Question（以下、CQ））に適った多様な実証的研究を活用すべきである。

3 | EBP のソーシャルワーク実践への適用 ～EBP の Step1 から Step5～

EBP では、エビデンスを臨床場面で活用するにあたって、五つのステップが説明されており（Sackket ら, 2000）、ソーシャルワーク領域においても同様に論じられている（Jenson & Howard, 2013）。しかし、医療領域とソーシャルワーク領域では対象やその視点が異なるため、医療領域の内容を単純に適用するのではなく、ソーシャルワーク、とりわけ日本での実践に適合する EBP の実践ステップを検討する必要がある。

1 Step1：問題の定式化

実践者は、臨床研究知見の抽象性―具体性を理解し、臨床研究の知見にアクセス可能な程度に具体性をもち、実践の諸局面に適った CQ を立てる必要がある。

Step1 は、実践上の出来事を実証研究にアクセス可能な CQ にすることである。特に、介入期に特定の効果を期待する局面では、PICO の手

順で検討する。PICO は、① Patient：どんな患者に、② Intervention：どんな方法で、③ Comparsion：何と比較したら、④ Outcome：どのような結果が得られるか、という介入の局面における思考の機序を定式化したものである。また、Intervention が Exposure（曝露）に代わる PECO という枠組み（名郷, 2009：51-74）などがある。ソーシャルワーク実践に関してこのような方法を採用するにあたっては、なんらかの出来事と結果が指数関数的に結びついているかどうかという条件を検討しなくてはならないが、日本のソーシャルワーク実践において、そうした実践が多いとはいえないだろう。例えば、「ある貧困状態に陥った家庭の生活保護制度の申請のために、扶養や同居に関する親族間の意向の調整をする」という実践場面を想起した場合、このような個別支援のソーシャルワーク実践において、計量可能なアウトカムを設定し、その効果や影響性を検討するという因果律的な枠組みは不要と考えられる。

　また、繰り返し述べるが、EBP は介入局面に限定された方法論ではない。Gambrill（2005）は、CQ における類型には一般に、1）有効性、2）予防、3）評価、4）説明、5）予測、6）危害、7）費用対効果という 7 項目があるとリスト化しているが、3）評価や 4）説明などは必ずしも介入の局面でなく、アセスメントやエバリュエーションの局面でも用いられる概念である。したがって、介入と結果の因果関係を想定した CQ のみでなく、多様な CQ を検討するべきである。

　問題の定式化にあたっては、Gibbs（2003）が、電子媒体からの情報を得るために十分な具体性が必要であると述べている。具体性の対極となる抽象性の高い問いには、必然的にそれに対応する抽象度のエビデンスの存在が必要となるが、実証的な研究において抽象性の高いテーマでの研究は、事実上、大規模調査でなければ言及が難しい。医学領域では産学研究体制が構築され、膨大な研究費用の負担により日本国内を母集団とする代表性を確保する可能性が担保されているが、それ以外の領域においてはこうした研究を実施することは、現実的に困難だろう。例えば、山野（2013）では物質乱用のソーシャルワークにおいて「エビデンスが確認された『家族対応』」を探索したが、そのようなプログラムや対応した知見は報告されていない。

前例と同様の抽象度から、「退所支援のエビデンスは？」という CQ を立てた際、退所支援を構成する面接も連携も、諸局面におけるアセスメントも面接技法もすべて総じて、「退所支援」と一括する点では抽象的である。これは、支援を巨視的視点（マクロ）からみていることになるが、わが国ではマクロな視点での標準プログラムや一般モデル構築について、大島（2016）などのプログラム開発や、M-D&D（芝野, 2015）を用いたモデル開発におけるいくつかの研究例（（大塚, 2008）（木村, 2012））がみられるのみで、ソーシャルワークが扱う支援の総体からは極めて限定されているといえるだろう。したがって、現時点においては、このような抽象性の高い問いから、エビデンスとして活用できる研究知見が多く見つかることは期待できない。

　しかし一方で、例えば要介護者についての実証研究には膨大ともいえる研究知見が存在することは検証を必要としないだろう。そのなかには退所支援の臨床判断のエビデンスとなりえる研究知見はないといえるだろうか。こうした状況は、例えば「児童」「肢体不自由」「薬物依存」などというカテゴリーで区切っても同様と考えられる。一般に臨床研究は対象に密着した研究であるがゆえに、具体性が高いテーマを扱っているが、場面ごとの臨床判断に必要な知見は正に具体的な知見である。つまり、実践領域においてエビデンスがないというとき、CQ の立て方に問題がある可能性もあり、個別支援の実践における CQ には、現存する研究知見にアクセス可能な程度に具体性を持たせる必要がある。

　こうした検討からは、CQ の具体性は現存する実証研究やその手法によって規定され、実践者は現存する実証研究がどの程度の具体性―抽象性をもつかについて、把握しておく必要があると考えられる。

2　Step2：情報の検索

　情報の検索は、CQ に対して活用可能なエビデンスを検索することである。ソーシャルワーク領域においては現在、適切な吟味を経た知見を集積した二次情報としてのデータベースには知見の収蔵が少なく、実践者は多様なソースから一次情報をあたる必要がある。

　エビデンスを検索する媒体には、google scholar のように一次情報

である論文そのものにアクセスするものや、医中誌 web のように抄録集（二次情報）としての機能をもつもの、また、専門家によってエビデンスが批判的に吟味された二次情報としてのデータベースがある（斎藤, 2012①：47）。後者について、医学領域では The Cochrane Library がよく知られているように、膨大な研究知見が蓄積されている。ソーシャルワーク領域においては、Thyer（2006：36）が、同データベースに加え、Campbell Collaboration（Library）を社会福祉、教育、刑事司法領域の研究知見が収められているとして紹介している。Campbell Library について結論からいえば、本研究でいう EBP について、わが国のソーシャルワーク実践では、これらの二次情報資料を参考にできる機会は多くはないだろう。

　前項2**4**で述べたように、Campbell Library には所蔵されている知見は数少なく、また、日本での実践を取り扱ったものは現時点（2023年）では見当たらない。また仮に、米国でのソーシャルワーク実践における高齢者のケアマネジメントにおけるエビデンスがあったとしても、米国と日本では、提供されるサービスも対象となる社会基盤も民族性や宗教性も異なる。そして、一般的な実践者にはその同一性と差異の判定が難しい点で、Step3 における情報の吟味は困難である。対照的に医学では、薬剤などの介入内容と、対象となる人体が、国際的な同一性を想定できる程度に、グローバルな範囲に研究知見の参照が可能と考えられる。しかし、ソーシャルワークにおいては社会制度や、文化的影響を強く受けるため、諸外国の文化的文脈や社会制度についてソーシャルワーク実践者が精通し、修正的にエビデンスとして用いることまでは現実的に求められないだろう。したがって、本研究では、ソーシャルワーク実践者がソーシャルワークの個別支援における臨床判断のためのエビデンスを収集するにあたって、諸外国の情報の現実的な利用可能性は高いとはいえないという立場を示す。

　また、わが国のソーシャルワーク実践にあたって、批判的吟味のうえで集積されたデータベース（二次情報）は見当たらない。したがって、エビデンスを得るためには、主として一次情報（論文や資料そのもの）の検索を要することになる。今日、電子媒体での検索および論文の閲覧の利便性は急速に向上しており、各官公庁による統計資料はホームページ

上で得ることができ、社会福祉系のシンクタンクによる調査研究報告書や学術論文も電子媒体で無料で公開されるものが多くある。また、日本の研究知見に限っていえば、国立国会図書館の「遠隔複写」サービスを用いれば、取得できない論文は基本的にはなく、その手続きもオンライン上で簡便かつ低廉にできる。すなわち、近年では実践者が実践活動の傍らで容易に情報が得られる環境は整っているといえるだろう。

3 Step3：エビデンスの評価

Step3 ではエビデンスの質を批判的吟味によって検討する。斎藤（2012①：51）によれば、「従来の EBM の教科書は、この Step3 の説明にその大部分が当てられていた。これらは、結局のところは、臨床研究論文の読み方と、そのために必要な統計学的知識の解説である」と述べられている。ここで注目されるのは、EBM ではエビデンスの評価が主として統計学的な知識によってなされてきたことである。本項では、統計学的な処理をした研究のみでなく多様な研究方法を評価するための議論を行う。

（3）-a　疑問に応じた研究デザインを探す

前項2 4 でも述べたが、EBP ではエビデンスの質に高低のヒエラルキーを認めるとされ、一般的には実験上のバイアスが混入しにくいとされる。そのため、実験者・被験者ともに二重に盲検化される RCT が実験的研究手法の最も上位におかれる。ソーシャルワーク領域においても、Thyer（2003）では RCT は「ゴールデンスタンダード」だと表現され、Jenson & Howard（2013）では「科学者達（The scientific community）は、RCT による研究知見が最も厳格で受入れ可能な水準のエビデンスだと認めている」と述べられている。しかし、こうした論述も、介入期の効果測定に限られていることに無前提な論述といえる。名郷（2009：76）では、「EBM ＝ RCT、という誤解はいつまでたってもなくならないが、これはあくまで治療の疑問に限った話の一部である。診断や予後、副作用について情報収集する場合には、RCT は適切でない場合が多い。疑問に応じた研究デザインの論文を探す、これが EBM の情報収集の鉄則である」と論じられている。また、同様に斎藤（2012

①：51-52）においても、RCT によるエビデンスの価値の高さについて、「あくまでも治療的介入に関するエビデンスを評価する時のことである」と限定的に論じている。

　また、前出の Guyatt ら（2014：11）が提示した階層図では、n of 1 RCT（一人の被験者に対して繰り返し無作為に割り付けた介入方法を実施し、介入方法ごとの効果を測定する実験手法）が最上位に配置されている（**図 2-1** 参照）。

　先述したがこの実験的研究法は、医学領域においても一部の内科的管理以外で実施することは難しいといわれている。また、n of 1 RCT は結果の一般性という点では、1 事例研究に過ぎないという言い方もできる。したがって「RCT は n of 1 RCT より質の低い研究法である」という言説が誤りであると同様に、この階層図について質的研究法が RCT より質の低い研究法であると示しているわけではないと考えられる。

（3）-b　エビデンスの「機能」の評価

　エビデンスを評価するにあたっては、調査手法の厳密さや統計量や一般性の評価の前に、「その知見は実践にどう使えるか」という機能面の評価を行うはずである。しかし、この視点については、これまで述べてきたように、EBP が介入効果の検討や RCT に偏重している分だけ失われていると考えられる。また、この点は実証研究手法によって規定されると考えられ、ソーシャルワークやその周辺領域で頻繁に使用される実証研究手法や研究デザインと対応させて説明する。

①　操作性の獲得

　未知の現象や言語化されていない現象に対し、科学的な手法により分析することで明確な定義を含んだカテゴリー化が行われ、概念の操作が可能となる。このプロセスによって新たなカテゴリー（名前）が付与され、以後はその呼称を使用して現象を識別できるようになる。そのような研究法には、現象を分類する方法や、逆に複数の現象を統合してカテゴリー化する研究法があり、質的分析法や因子分析、クラスター分析などが挙げられる。

　また、分析以前には、その現象が叙述によって表現されていたことや、不明確な定義のままに名称を付与されていたことを考えると、カテゴリー化によって、複数の人が現象を正確に共有できるようになり、さ

らなる理解や効果的なコミュニケーション、測定の可能性、知識の累積を促進する効果などが得られると考えられ、つまり操作性が向上するといえる。

そして、このような分析によって得られた知見を実践やEBPに利用することで、対象者や場の理解を深めることが可能となると考えられる。看護領域でのEBPを論じた友滝（2022）では、医療者は患者の病気体験やその意味に焦点を当てることが必要であり、患者が直面する迷いや様々な心理的側面について、質的分析から得られる知見は、医療者の先入観を解消し、変化する患者の感情や悩みを理解するのに有効だと述べられている。

② 基準の獲得と評価

ものごとを大きい、小さい、効果がある、問題がある等と判断や評価する際には、必ず何らかの基準を踏まえているはずである。もしそれが意識されていない場合や、明確に言語化されていない場合でも、不明確な基準がブラックボックスのうちに存在する。このような非透明性は、時に支援者と対象者との合意形成を困難にし、また判断の公平性や合理性を損なうリスクが高まる。したがって、基準の明示性は、質の高い評価や議論を実現するためには不可欠である。このような知見を提供する研究法の例は、記述統計によって母集団の分布を計測した研究や、因子分析による尺度開発などが挙げられる。

こうした知見として、高い水準の普遍性や再現性を獲得している例では、Zaritの介護負担尺度の短縮版（荒井ら、2003）が挙げられる。この尺度の評価項目によって評価の枠組み（質的側面）が定義され、介護負担の強度や度合い（量的側面）を測定することが可能となっている。このようなツールは、支援者が枠組みを援用した面接や調査票を用いることでリスクを評価し、適切なサポートの提供について臨床判断するための基準として有用だといえる。

また、この基準は個性の把握にも通じる。小山（2016：56）では一般性や普遍性をもつ知見としての理論を地図に喩えて、実践（個別の事象）の相対化には理論や他事例との比較が必要であると述べられている。さらに日本ソーシャルワーク教育学校連盟（2021：58）では、量的研究について、クライエントの個別性の理解を「量的研究によって得られた共

通性と照らすことで確認しやすくなる」と述べられている。確かに、例えば「足が速い」という個性をもつ児がいたとして、その個性は、全国平均や学校平均との比較や、標準偏差といった何らかの記述統計データが基準とされているはずである。

　また、第1章で検討した主介護者の続柄割合（森川, 2019）の知見を例にあげれば、子の配偶者が主介護者となるケースはもはや一般的とはいえないことがわかる。そして、ある一つの事例（この場合、子の配偶者が主介護者のケース）が一般的状況となぜ違うかと問えば、対象者やその家庭の個性や地域特性を含んだストレングスが多く引き出せる（間嶋, 2016）が、すなわちこの時、一般的情報を提供する知見は、対象者の個性の理解や、個別的な臨床的状況の理解に貢献するエビデンスとなっていると考えられる。

③　相互関係性の把握：予測と問題の解明

　相互関係には、因果関係をはじめとして、相関関係、交互作用、相乗関係、独立性などが挙げられる。相互関係性の把握により、一方の変数が判明したことにより、他の変数に変動が生じることやその程度を予測しうることになる。また、ある変数が生じたことの原因となる変数を特定し問題の解明をしうることになる。このような研究法として代表的なものには、記述統計や質的研究法のほか、回帰分析や共分散構造分析（SEM）、相関分析、実験群と統制群の代表値の差を検定する介入研究などが挙げられる。こうした知見を活用することで、支援者は支援行動を選択し、効果的な介入や問題の予防が図られるほか、対象者が意思決定を行うことにも役に立つ。

　例えば、間嶋（2013）ではソーシャルワークにおける転院支援において、患者の状態がわからないまま転院に至る家族の心理を質的分析し、入院中に「待ちの姿勢」でいた可能性を示唆している。そして、転院支援の初期段階において、家族が積極的に患者情報を把握するための取り組みの必要性を述べている。

　この知見（待ちの姿勢→情報不足）は、質的分析によるものであり、母集団の代表性の確保や概念間の関係性（→）の検証がなされているとはいえない。しかし、仮に「1000事例を基に共分散構造分析を実施し、両因子間のパス係数が .359（p<0.01）」であったとしても、「100事例

での重回帰分析において標準偏回帰係数が .150（p＞0.05）」であったとしても、「転院支援の初期段階において、家族が積極的に患者情報を把握するための取り組み」という臨床判断に至ることには変わらないだろう。この例は、実践内容のリスクや投入コスト等の要因によっては、解析上の慣習では重要とされる要素（有意差や係数の大小）が絶対的な規定要因とはならないということである。この点は実践現場での意思決定のあり方と実証研究をつなぐ論点として重要であり、（3）-cや（4）-cでも詳述する。

（3）-c　結果の解釈

　ここでは、批判的吟味を行う際、ソーシャルワーク領域における解釈上の留意点について論じる。

　前項（**2**）では、ヒューマンケア領域のなかでEBMが扱う対象としての薬剤や人体について、これらの同一性を前提に、知見が国際的に援用されうることを述べたが、さらにこの前提は、対象を数量化する際の誤差量の統制にも及ぶと考えられる。

　しかし、ソーシャルワーク領域では、人間は、「環境の中の人」や「心理社会的な存在」という視点から記述され、物体としてのヒトに対し、「環境」や「心理社会」の要因との相互作用が付加される分だけ複雑であるため、数量化した際の分散および誤差量は高くなり、介入と結果の不確実性は高まると考えられる。

　具体的に「要介護高齢者の幸福」という例を挙げれば、要介護高齢者といっても千差万別であるし、幸福についても単純にスコア化できるものではないことは自明の前提である。しかし、量的研究では「操作的に」と宣言することで同一化（数量化）を図り、解析することになる。しかし、「操作的に」という操作は、研究上の便宜的な手続きに過ぎない。すなわち、研究知見を実践に還元する際には、同一化された結果について、数量化以前の状態では個々のケースに差異があったことを踏まえて検討しなくてはならない。その際、比較的単純な統計処理においては、分散値などを参照しながら、その誤差量を推定的に検討できると考えられる。しかし、変数処理を積み上げ式に行う多変量解析等では、最終的に合成されたモデルの誤差の推定はいっそう難しくなるだろう。さらに、ソーシャルワークにおける量的研究について、田垣（2012：134）

は、本来的には順序尺度相当のリッカード尺度を間隔尺度や比率尺度として扱ってしまうという学術的な慣習についての疑義を示しているが、この指摘の射程はソーシャルワーク領域のみにとどまらず、またこれにしたがえば、誤差量の想定も困難な場合があると考えられる。

こうしたリテラシーの観点からは、効果量（Effect Size）などの統計量を直接的に実践に適用させることについて、その確実性は低いと考えられる。不確実性下の意思決定理論について、竹村（2005）では「確率を数値で表現できないが、『多分高い』、『結構低い』、『まあまあ』というように言語で表現されることもあるのである」と述べられているが、こうした確度に関する表現は、少なくとも厳密であるとはいえない。

したがって、医学領域にみられる、エビデンスにおける「確証的」などという表現について、その是非はともかく、ソーシャルワーク領域ではこうした知見が多く得られることは期待できず、研究知見が示す数値をそのまま実践に当て込めるエビデンスにすることは期待できないと考えておく必要がある。こうした検討は、質的研究による知見の一般性（どれだけの人に当てはまるか）が不明確であるという批判的指摘と相似すると考えられる。

Thyer（2006：42）は、人間関係や人間に係る事象についての研究において、RCTやそのシステマティックレビューは「鈍い道具（too blunt an instrument）」という指摘へ反論し、「しかし、代替的に提案される方法は、大抵の場合、なんらかの質的調査であり、その不利性から、この議論には説得力がない」と述べている。しかし、この言説は、RCT等の実験的な研究法が「鈍い道具」であること自体への反論にはなっていない。本研究は、「鈍い道具」のRCTも、「不利性」のある質的研究も、等しく確証をもたらすエビデンスとしては扱わない。扱わずとも実践に有効な臨床判断の一助になりうると考える立場である。

例えば、我々は一般に、なんらかの災いが起きうるというリスクを根拠に、それに備えた対応（保険、回避、覚悟など）を取ることがある。その際に、必ずしも確率の数値自体やその厳密さが吟味の中心ではなく、確率の曖昧さに由来するニヒリズム（例えば、交通事故にあう確率が厳密にわからないなら保険に入っても仕方がないというように考えること）に陥るわけでもない。つまり、起きうるリスクの内容（質）や曖昧な確度（量）、投

入されるコスト、結果等の想像（写像）を勘案して社会生活を営んでいることに立脚すれば、必ずしも厳格とはいえない質的研究や量的研究も扱い方によっては、経験と勘のみの推測より精度が高く、有用な知見になり得る。そして、その扱い方を考えることがソーシャルワークのEBPにおけるStep3の主旨となると考えられる。

4 Step4：実践への適用

Step4 はエビデンスの実践への適用であり、このStepにおいて臨床判断はなされることになる。ソーシャルワークにおいて、佐藤（2007）は、第4段階が特に重要であると述べ、科学的なエビデンスの内容に対して、患者の意向・好みが優先される判断や、患者の「個性」や「一回起性」が重視されるアートな段階に入ると説明する。また、臨床判断とは、臨床現場における支援者を主語とした意思決定といえるが、ここではその際の留意事項や方法を以下に論じる。

（4）-a　臨床的な専門判断を下す

Sacket ら（1997）では、「患者意向」「エビデンス」「臨床的専門性（clinical expertise）」の3要因を統合して判断を下すことが示されている（図2-2）。ソーシャルワークにおいても、Gibbs & Gambrill（2002）にみられるように、各論者でおおむね同様の構成で継承されているが、特徴的なものでは、Robert & Yeager（2006）がある（図2-3）。この図では前出の3要因に、「臨床的状況」「機関の関心」という要因が付加された4要因について「臨床的専門性」から判断を下すという構成がなされている。特に「機関の関心」という要因は、「臨床的状況」に包含させることもできると考えられるが、独立要因化し強調されるのは、ソーシャルワークにおいては組織の関心とソーシャルワークの志向性が一致しないなかで支援が提供されることがあるという背景によるものと推察される。例えば、早期退院が迫られる急性期医療機関での退院支援においては、ソーシャルワーカーに「機関の関心」を強く意識させる。つまり、ソーシャルワークを実施すること自体が医療機関の目的ではなく、早期退院という医療機関の関心と無関係に、対象者の支援を考えることは現実的には難しいということである。しかし、医師の診療におけ

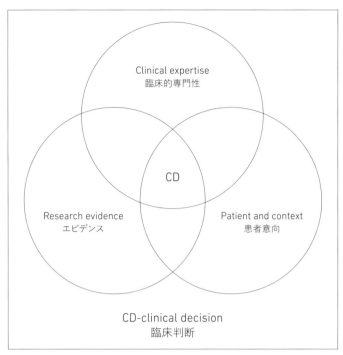

図 2-2　EBP における統合された臨床判断（Sackket ら，1997）をもとに筆者和訳

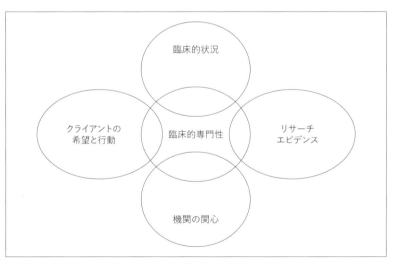

図 2-3　Evidence-Based Practice Model（Robert & Yeager，2006）

る EBM では、医療機関は医療を実施する機関であり、医師はその機関の指導者的存在であることから、「機関の関心」と他要素間の乖離は、モデルにおいて俎上に載せる程度ではないということだろう。

（4）-b　アナロジカルに実践に適用する

　心理学者の河合隼雄は、臨床心理領域における事例研究について、「事例研究の重要さを認識しない実践者などいない」と、その臨床的意義について述べ、１事例の研究がほかの実践者に有用な知見を与える原理について、「間主観的普遍性」に係る「X」を媒介として事例を見聞した者が事例と自身が経験した実践での現象との類比を行うことによって得られると論じている（河合, 2001）。つまり、事例研究の知見の活用においては、事例の一般化を行うのではなく、事例のなかに一般性を見出すことであり、また、研究の知見を機械的に他の実践に適用させることではなく、実践者の主体的な思考（類比）を要するということである。

　また、西條（2009：81）はヒューマンケア領域全体を射程として、同様のことを原理化して、「あらゆる知見の一般化の可能性は『AとBは類似性が高いためAの知見はBにも当てはまるかもしれない』という類推によって支えられている」と論じている。類比や類推という思考を総称すればアナロジカルな思考といえるだろう。さらにこれを原理とすれば、量的研究についても、質的研究についても、対象に100％適合し直接的に当て込めるようなエビデンスは期待できず、一定の不十分さがある道具を工夫しながら用いるという実践となり、すなわち機械的・定式的な実践というよりブリコラージュ的な実践という表現のほうが適切といえるだろう。

　では、上述した河合（2001）の「X」とは何か。つまり、どのようにすれば「間主観的普遍性」を読み取り、アナロジカルな思考のもと少数事例研究をエビデンスとして他事例に活用が可能となるのかという疑問が続く。

　「X」とはEBPの枠組みに照らせば「臨床的専門性」に該当すると考えられ、定式的な処理をする思考ではなく、佐藤（2007）が「アート」と形容するような、物事が調和に向かうような修正的な思考であると考えられる。したがって、アート（美術）に不断の訓練が必要であることと同型に、実践者は研究者等のスーパービジョンを受けつつ、リスクの

低い局面を事始めにして研究知見を活用した実践を展開し、修練する必要があるだろう。

（4）-c　意思決定理論に則った知見の活用

EBPでは合理的な意思決定のために意思決定理論の枠組みを用いることが有用と考えられ、それによれば、エビデンスの確度や実践の厳密さが必ずしも決定的な要因とはならない。

意思決定における合理性について、Gilboa（2010，松井（2013）：19）は「ある行動様式がある人にとって合理的であるとは、この人がたとえ自分の行動を分析されたとしてもその結果を心地よいものと感じ、困惑することがないような場合」と説明している。臨床判断も一つの意思決定であり、上述してきたとおり不確実性下での意思決定といえる。さらに、臨床判断は、（4）-aで述べた各要因を統合して決断されるものであり、それぞれの要因に関して合理的な説明が必要である。したがって、合理的な意思決定を導く同理論の枠組みは、このようなエビデンスの活用においても非常に有用だと考えられる。

わが国のEBPにおいて先駆的に議論を展開してきた斎藤は、臨床心理におけるエビデンスを活用した自身の実践を例示（斎藤，2018：65-72）しており、この事例を意思決定理論の枠組みに照らしながら以下で示す（" "部分は意思決定理論の枠組み）。

内科医の斎藤を受診した患者のある特殊な疾病に対し、彼は認知行動療法が有効だというエビデンス（1件の小規模RCT）を見つけたが、斎藤も含め、それに専門的に対応する療法士はいなかった。しかし、斎藤は認知行動療法の本質（対話による不適切な自動思考の打破、症状をもちながらもQOLの向上を企図すること）について理解しており、外来通院の折に斎藤が実施することとした。したがって厳密な意味では、エビデンスどおりの実践は不可能であり、効用が得られる確度も曖昧といえる。しかし、斎藤は患者との「ざっくばらんな」対話を通して、認知行動療法を行うことや患者が受療するうえでの両者の"コスト（通院頻度や期間）"を説明したうえで、症状が改善するかもしれないことやQOLが向上する可能性があるという"ベネフィット"や「病態を悪くすることはないだろう」という"リスク"判断を"結果の写像"として患者と共有し、実施に至っている。この事例を通して、コストやリスクの許容度や、期待さ

れるベネフィットについて、ベースラインとの比較によっては、エビデンスの確度や実践の厳密さは、エビデンスの活用の是非を規定する要因にはならないことがわかる。

（4）-d　臨床判断・意思決定の主体を意識する

EBP では「クライアントの希望と行動」とエビデンスをどのように整合させるかについて、エビデンスとナラティブの対立として議論を呼んできた。後段にて詳述するが、本研究では両者の対立構図を排して、エビデンスとナラティブは不可分の関係であり、対立の構図はエビデンスから意味を引き出した者のナラティブと他方のナラティブが対立しているという立場をとることを以下で論じる。

加茂（2000：8-9）によれば、ソーシャルワークにおける従来的な科学的実践の支援観では、関与対象の世界と距離をおくことが可能という、つまり客観的な支援を前提とし、その際、主体としての支援者についての言及はなされなかった。しかし、近年では支援者という主体性を明らかにし、対象者との関係性を踏まえた科学的実践論が展開されている。武藤（2017）では、支援者―対象者間の科学的実践の実相を「二人称の科学」として支援する側の主体と支援対象者の主体との再帰的なやりとりによって支援が進行すると論じた。それに基づくと、臨床判断とは支援者を主体とした判断に他ならないといえる。そして、対象者に係る事象のすべてに支援者の判断を求められているわけではない。

このような立場からは、臨床判断は、支援者の判断の正当性を担保することではなく、第一義的には、支援者の臨床判断および対象者の意思決定やそれに続く「行為」に関して、支援者と対象者のうち、どちらが意思決定権をもつ主体であり、決定された行為の主体であるかという検討によって規定されることになる。また、対象者側に専決権のある事柄について、支援者が臨床判断を考える必要はなく、対象者が意思決定するための支援に徹すれば（そのような臨床判断で）よい。

こうした整理は実践現場にどのような判断をもたらすのか。例えば、ナラティブアプローチに対し疑義的に提示されている、"虐待事例において、親が教育的効果を主張するナラティブを有していた"という例で考えてみる（志村，2012：103-104）。本研究でいう EBP においては、児へのリスクに関するエビデンスから支援者が引き出す保護の必要性とい

う意味づけと親のナラティブが対立することになる。しかし、この際、親は児を保護するか否かの意思決定の主体ではなく、一時保護という「行為」の主体でもない。したがって一時保護の臨床判断に関する限り、親のナラティブは「親は本件を過失だとは認めていない」ということ以上に取り扱うものではないという考えが導出されるだろう。

（4）-e　判断・決定に続く「行為」を検討する

　臨床判断は、支援者が支援的行為を実施するための判断であるが、同様に対象者の意思決定においても、対象者がなんらかの行為をするか否かを決定することになる。仮に、支援者がある行為に関して臨床判断をしたとしても、実際に対象者によってその行為がなされなければ、実践的意味が生じない場合がある。したがって、実践への適用を考える際には、意思決定によってその行為は完遂されるか、あるいは意思決定やその行為にどのようなリスクが付随しうるかという視点がなければ、EBPは実践的なアプローチにはならない。しかし、実践現場で散見される例では、独居高齢者の家に大量に放置される薬剤の山や内服の誤用の事例において、医療機関においてエビデンスに基づく実践の結果として薬剤が処方された背景があったことを考えれば、このような検討が現場に不足しがちなことの例証であり、本項で検討する意義と考えられる。

　同様に、例えば、ある高齢者の健康にとってデイサービスの利用が有効だったとして、対象者がその事業所に赴くという「行為」がなされるかどうかが検討されぬまま、サービス導入を判断したとしても、対象者に対し、何の利益も生じさせない可能性があるだろう。

5　Step5：実践の評価

　個別支援においては、個々のケースにおける臨床判断や活用されるエビデンスが異なり、評価の対象は実践の総体であって（斎藤，2012①：68）、活用されたエビデンスの評価ではない。したがって、Step5は「エビデンス」が必ずしも強調されるものではない。ソーシャルワークにおいては、実践の評価はソーシャルワークの支援段階の一つであるエバリュエーション等によって実践のなかに組み込まれてきたものである。

また、実践の価値を評するという行為について、誰にとっての価値かといえば、一義的には支援対象者であることはいうまでもない。EBPにおいて実践の諸相を評価する場合には、まず何が支援対象者にとってよい実践なのかということを整理する必要があると考えられる。しかし、それを評価する枠組みはソーシャルワークにおいてはこれまであまり論じられてこなかった。このようななかでは、エバリュエーションの段階における評価内容は「よかった」や「話を聞いてもらえた」「親切だった」「お世話になりました」など漠然としたものに留まり、世辞との弁別すら難しいだろう。したがって、実践の評価には、支援対象者の視点を含み、かつソーシャルワークが反映された評価項目が必要になると考えられる。これらを踏まえたソーシャルワークの評価の方法について、本書では、「第7章　利用者の家族による退所支援のソーシャルワークの評価」において方法論を提示し、評価の枠組みを構成している。

第 3 章

研究の方法

～実践のなかでの研究活動～

本研究は、Evidence Based Practice（以下、EBP）を通し、ソーシャルワークの科学的実践を検討するものであるが、個別支援の臨床判断のための方法論である EBP と、岡本（2015）のソーシャルワークの科学化の枠組みを示した研究法には相似形が看取でき、本研究は同論に基づき構成する。本章では、両論の共通性を参照しつつ、ソーシャルワークの科学化を図るための本研究の構成上の視点を述べる。

　また、本書の第 4 章および第 7 章は、実践現場でデータ収集を行った実証的な研究である。これらは共通して、臨床での実践活動のなかで進められ、質的データとして介護老人保健施設（以下、老健）の支援相談員であり研究者である筆者の実践記録を用いている。したがって、研究のために用意された空間でのデータ収集や分析作業とは異なる部分もあり、その特徴や倫理的な配慮については整理される必要がある。そこで実践と連動しながら研究する際に特有な方法に焦点をあてつつ、本研究における実証研究の遂行方法や倫理的配慮について述べる。

　なお、本章では第 4 章および第 7 章の研究について「当該研究」という用語を用いる。また当該研究以外の研究方法および当該研究に共通する点以外の部分については、各研究のなかで述べることとする。

1 ｜ 実証研究（第 4 章〜第 7 章）の視点および構成

■1 ソーシャルワークの科学化のための研究の構成

　本項ではソーシャルワークの科学化のための研究法を構想した岡本（2015）（**図3-1**）を参照しつつ、第 4 章から第 7 章で論じる実証研究の方法論を述べる。

（1）-a　第 4 章：問題の定式化と「利用者ニーズの論理化」

　EBP では、まず「問題の定式化」として、支援を必要とする課題や問題点をカテゴリー化する必要がある。例えば医学領域においては「病名」とそれに対応する「治療方法」が、保険適応の範囲内だけでも診療報酬上に膨大なコードが展開され、言語化されている。これらの専門用語が共通言語として様々な検討や操作の前提となっている。したがっ

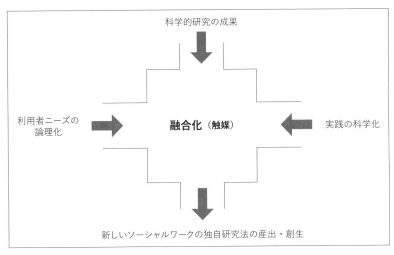

出典：（岡本，2015）

図 3-1　ソーシャルワークの新展開

て、退所支援のソーシャルワーク領域におけるエビデンスの活用の前段
においても、退所支援における利用者・家族に生じるソーシャルワーク
上の課題や、そのソーシャルワーク支援が言語化されている必要があ
る。

　そこで本研究では、第4章で「退所支援における利用者・家族に対
するソーシャルワーク支援の課題」として、退所支援において利用者が
抱えうる課題の言語化・カテゴリー化および構造化を図る。この研究
は、岡本（2015）における「利用者ニーズの論理化」に該当すると考え
られ、「供給側の論理が優先されるパターナリズム」ではなく、「利用者
の立場に立ち、ソーシャルワーク支援はクライエントが主人公であるこ
とを実践の中に具象化していくことを目指」し、「利用者のあれこれの
要望、要求、期待などを含めた広義のニーズをいかに網羅的に総合的に
収集、集積、整理して、どのようにして論理的に援助原理の水準にまで
グレードアップして、『独自の援助・支援の論理』を構築できるように
体系化」することが求められる。

（1）-b　第5章：ソーシャルワーク支援方法の構造化と「実践の科学化」

　第5章においては、「介護老人保健施設の退所支援における利用者・家族に対するソーシャルワーク支援」として、実践の構造化を図っていく。これは、岡本（2015）における「実践の科学化」に相当する研究といえる。つまり、「諸体験や現場の実践的成果を体系的に集積して、その蓄積の中から新たな経験法則や知見を析出し、既存の理論・実践的モデルには見られない新知見を加えることによって体系化していく道筋」であり、「現場・臨床における経験を積み上げていく、いわば具象から抽象への帰納法的研究方法論」である。

（1）-c　第6章：エビデンスの実践への活用と「科学的研究の成果」

　第6章では、第4章および第5章で構造化された課題と支援を対照させながら、エビデンスの活用が求められる臨床上の疑問（Clinical Question（以下、CQ））を導き、それに対応するエビデンスを探索し、エビデンスの実践への適用方法を検討する。これはEBPでは「情報の検索」や「情報の吟味」、「実践への適用」に相当するものである。また、エビデンス（Research Evidence）とは、岡本（2015）における「科学的研究の成果」に相応する。本研究では、第6章の「エビデンスを活用する実践」においてエビデンスの検索や吟味、実践への適用性を検討する。

（1）-d　第7章：実践の評価

　EBPでは、「実践の評価」が求められるが、エビデンスを使ったことによる効果測定が目的ではなく、実践における種々の臨床判断やそのプロセスについて、それが妥当な援助につながったかという点を評価することになる。その意味でソーシャルワーク領域においては、個々の実践の評価は「エバリュエーション」として従来から支援展開の作法に組み込まれているが、この両者はほぼ同義と考えてよいだろう。

　しかし、老健の退所支援に限っていえば、そのソーシャルワークにおいて何が評価されるのか、つまり「適切なソーシャルワーク」の下位項目は何かという枠組みは十分に明示されてこなかった。そこで、第7章では、「介護老人保健施設の退所支援ソーシャルワークの評価枠組みの構成」として、退所支援の評価の枠組みを示す研究を行うこととす

る。そして、同章の事例報告ではその枠組みの活用として、利用者・家族へのアンケート調査を実施し、その結果から支援方法の見直しを行った一例を示す。

（1）-e　第8章：エビデンスの活用と「融合化」

　エビデンスが活用された実践論とは、「利用者ニーズ」「実践の科学化」「科学的研究の成果」が「融合」されたものといえる。「融合化」とは「並立や攪拌ではなく」、弁証法的な展開により「融合化」していくことであるが、その具体的方策（「触媒」）は示されておらず課題として残している。岡本（2015）（**図3-1**）と、EBPにおける臨床判断のあり方を図示したSackketら（1997）（**図2-2**参照）およびRobert & Yeager（2006）（**図2-3**参照）を対照させれば、「融合化」は「Clinical Decision（＝臨床判断）」および「臨床的専門性」に相応すると考えられる。したがって、実践者としては「ニーズの論理化」「科学的研究の成果」「実践の科学化」の3項は、実践活動の専門的判断のうちに融合される可能性が考えられる。この判断には、「利用者・家族から評価される」ことを含めたソーシャルワークの志向性を第一義として、様々な環境的な制約のなかで実際に成立するか、という現実的な検討も枠組みの一つとなるだろう。

　そして、研究的記述においては、それをどのような形式で表現するかが検討の焦点となるだろう。例えば、実践的かつ研究的な記述として、単一事例研究を挙げれば、一つの事例で表現できる要素は限られているため、支援を総合的に論じていくには紙幅の限界が生じる。したがって、実践の記述として、具体的事例ではなく、総論的な記述が求められると考えられる。しかし、同時に本研究の関心は個別支援への活用を志向しており、総論的な記述でありながら個別の実践に還元できる具体性を有していなければならない。すなわち、岡本（2015）における融合化への媒介（触媒）とは、本研究においては個別支援への志向性であり、上述した3項は、「個別実践における活用性を有する総論的記述」において融合化されると考える。そこで本研究では、上記3項を取り込んだ（融合化した）実践の記述を、第8章の「介護老人保健施設の退所支援に求められるエビデンスを活用する支援のガイド」において試みる。

2 科学性の確保～本研究における科学とは～

本項は、『社会福祉学』に掲載された間嶋（2016）の一部を要約して述べる。

本研究では研究方法および結果における科学性の確保を志向する。ソーシャルワークにおける科学というテーマは、ソーシャルワーク領域における重要な論題の一つである。そして、本研究は、科学的実践方法として EBP を検討しており、したがって「何を科学というか」という問いを避けることができない。しかし、科学自体を論じることは本研究の目的ではないため、本研究上の定義を示すにとどめる。

第2章で述べたように、ソーシャルワーク論の机上では「ゴールデンスタンダード」と尊ばれる実験的研究法である RCT も、倫理的な検討により実施自体が現実的ではなく、厳密な結果を導くことも難しい。同様の問題は多くの量的研究についても該当すると考えられる。一方で、質的研究は、対象を厳密に統制することや同一化することを必ずしも求められず、ソーシャルワーク領域にも用いやすいと考えられる。しかし、田垣（2012：134）では質的研究は「否定はされていないものの、軽視されていることは明白だ」と述べられている。つまり、「量的研究が研究の真髄と考える研究者も多い」（呉, 2003：170）わけだが、その背景には、「一つの真理を措定する」という根本的認識にあり、それに続き、客観的な方法により真理への接近を図るという、科学を掲げる領域や集団のドミナントストーリーにあると考えられる。この見解に基づけば、質的研究は主観的な操作であり、科学的ではないということになる。確かに、数量化されたものを数学的な操作にしたがって展開していけば、客観的な結果に到達するといえる。しかし、ソーシャルワーク領域の量的研究においては、数量化の際に主観性が多分に混入し、これを統制する研究は現実的に困難であることから、客観主義的立場の者を満足させるエビデンスは多くはないという帰結に至る。すなわち「科学は真理の探究」という立場からのソーシャルワーク実践研究の一つの隘路であろう。

一方、近年社会福祉研究者によっても用いられ、ソーシャルワーク実践の科学化に寄与しうる科学の定義には、池田（1998）がある。同論は

今日的な科学の営みを例出し、真理の探究としての科学の定義の限界を指摘しつつ、それらを止揚させる議論を行った。そして、科学の営みを、「変なる現象をコトバの不変性によって、『明示的な関係形式プラス別のコトバ』＝『構造』に変換してしまおうとする試み」であるとし、科学とは「同一性の追究」だと定義した (p.16)。同論に基づけば、質的研究もまさに、明示的な関係形式と別の言葉によって現象をコードしていく営みに他ならず、科学的営みの一つと位置づけうることができる。ソーシャルワークに用いやすい質的研究が科学たりえることになれば、先述の隘路を回避し、ソーシャルワークの科学化に大きく寄与しうることになるだろう。

③　本研究に用いられる人称および用語

　本研究では、老健に入所中の利用者本人およびその家族を支援対象者とするが、「家族」という表記は、本人とは分離した別の構成員およびそのうちの個人を指す場合や、本人を含むユニットとしての意味を指示することがある。支援の対象が施設との契約者である利用者本人を指しているのか、利用者の家族を指すか、あるいは利用者とその家族の全体を指しているのかは重要である。また、本研究では、本人や家族の個人間の視点が異なる場合があることや、個人の集合を「家族」として一括する視点が臨床上の意味をもつことがあるため、弁別する必要がある。したがって、本研究では、老健の利用者本人を「利用者」あるいは「本人」とし、本人を含む家族ユニットは「利用者・家族」と表記し、本人以外の家族構成員という意では単に「家族」と表記し、本人以外の家族において個人を指す場合には、本人に対する続柄や機能（例：妻、主介護者）で記すこととする。

　また、本研究では、老健の退所支援における議論のなかで、支援相談員を指示しているときは、単に「支援相談員」とする。そして、ソーシャルワーク領域としての課題の整理にあたっては、支援者と支援の対象者における人称は、「ソーシャルワーカー」と「対象者」とする。また、EBP の議論などで医学領域をはじめとするヒューマンケア領域としての議論を参照し検討する場合には、職種や領域に限定しない人称と

して「支援者」と「(支援) 対象者」を用いることとする。

2 | 研究の方法

1 科学的な研究方法としての質的研究方法

　西條 (2007, 2008) は池田 (1998) の科学論に基づき、「SQCRM」と
して、質的研究に向けた科学性の要件を整理している。それによれば、
科学の要件とは、(1) 構造化、(2) 構造化への軌跡の開示である。この
要件に基づけば、質的研究も量的研究も同じ原理のうえに成り立ってい
ることになる。また、科学性の成立は、構造化した者 (研究者) が科学
にならしめるのではなく、研究者とアナロジーによって同一性を認識し
た者 (読み手) との作業を通して科学にならしめるということであり、
これを「アナロジーに基づく一般化」(西條, 2008：107) としている。
　しかし、それは「質的研究は科学だ」という単純な言明を示すもので
はない。科学を志向しない質的研究も存立するし、また、科学的な目的
をもった質的研究においては科学としての要件を満たさない研究および
知見は科学ではない、もしくは科学性の水準が低く科学的営みの意義を
満たさないことになる。したがって、既存の質的研究法が科学性の要件
を満たすかどうかは検討され、場合によっては修正を要することにな
る。オリジナルをカスタマイズすることについて、木下は「教条的な学
習は質的データ解釈とはそぐわない」とし、「独自の修正や工夫を加え
つつ目的によりフィットする方法にすればよい」(木下, 2006：24) と述
べており、SQCRM では既存の質的研究を修正する機能と根拠を論じ
ている。したがって、オリジナルの手法を指示どおりに踏襲するのでは
なく、目的や場面にあった手法を模索することは妥当なことである。
　本研究では、第4章、第5章、第7章において、KJ 法および
M-GTA の技法を援用した質的研究を実施している。本研究は、実践活
動を実施しながら構造化を図る実践現場研究であり、木下 (1999：170-
176) において「ジャングルを切り開きつつ地図を作成していく」と喩
えられた研究法である KJ 法を構造化の手法として用いる。KJ 法では

単一事象である「一匹狼」を排除せず、手法的には一匹狼だとしても「表札」になりうると考えられている（川喜田, 1986：132）（「表札」とは本研究でいうカテゴリー名のことである）。つまり少数事例もすべて一度は全体に組み込み、「情勢判断」のフェーズ（川喜田, 1986：78）で、それが存在する意味や必然性を基準に構造化がなされるのである。川喜田はこのことを数量的基準に依らない意思決定の方法として「少数意見の尊重」（川喜田, 1967：167-172）、「民主主義というものを根本から再建できる」（川喜田, 1970：6）という表現で高く評していた。確かにこの点は、重要性が細部に宿る領域や、特に社会から排除をされやすい数的劣勢にあるものへの支援を行うソーシャルワーク領域においては重要な特徴である。

　しかし、KJ法は「解釈や発想が正しいか否かよりも、それがどういう根拠から発想されたかをガラス張りにするべきである」（川喜田, 1986：166）としているが、開示の対象はもっぱら「対象・方法・手段」と言及されるにとどまり、構築された構造に対する共通了解を得る方策が、手続き論的妥当性に依拠していることは否めない。手続きの開示とは、自然科学的な研究でいうプロトコルの開示に相当するものと考えられるが、質的な分析においては、手法が結果を完全に統制するとはいえず、同じ手順を実施しても、分析者の思考の内容は多彩でありえる。したがって、手法を開示したとしても「手法は正しいが思考は誤っている」という言明が成立するなら、手法の正しさはすなわち結果の妥当性に至るとはいえない。すなわち、ガラス張りにすべきは、手法よりむしろ、思考のプロセスであると考えられる。

　間嶋（2016）では、KJ法における構造化にいたる思考の軌跡の確保を目的に、その手法に優れているM-GTAにおける「分析ワークシート」（木下, 2003：187-209）を、構造化の思考の軌跡の確保、およびその軌跡の監査を受けるという目的を明確にし、KJ法向けにカスタマイズしたワークシートを作成している。

２　実践記録の分析

　小山（2016：63-64）は、「実践サイドには大きな強みがある。自らの

フィールドがあり、そこには膨大な実践の記録や経験の蓄積がある。正に実践理論はここから生まれる」と述べている。しかし、ソーシャルワーク領域では、プログレスとしての実践記録を活用した研究は極めて少ない。その理由には、研究活用の倫理的問題や、研究資料として必要十分なデータと見なされるか等の問題が整理されていないことに起因していると考えられる。

そこで本項では、実践研究において実践記録を用いるための特性を検討し、本研究における用い方を提示する。

（2）-a　記録媒体の作成

本研究を実施するにあたっては、実践記録から多くの質的データを抽出しているが、研究において最初に着手したのは、記録媒体の作成である。本記録媒体は間嶋（2014）をもとに、研究と実践の連動をすることを目的の一つとし、Microsoft Access にて作成した。

これにより、研究のために分別された記録作業や抽出作業が必要なくなり、「研究協力が得られた利用者」「研究テーマ」「分析カテゴリー」ごとの抽出が可能となっている。

（2）-b　記録媒体の特性

科学的な研究においてはデータの客観性が重視されるが、支援相談員の支援記録はいうまでもなく支援相談員の感覚器や脳を通過したデータである。

記録は誰かによって記録されることを避けられない以上、完全に客観化された記録など存立しえず、不完全な客観とは主観性のことである。また、客観的であるとか主観的であると判断するのは常に誰かの主観である。つまり客観的や主観的という表現は、客観と主観を両極にした客観性―主観性というグラデーションに対し、「誰か」の関心によって線引きを行い、その上下を「主観的」あるいは「客観的」と区分したということである。実践記録の客観性―主観性の判断において、その関心が厳密科学といわれる学術団体の慣習であれば、主観的と区分けされうるが、実践に役立てるという志向性であれば、実践記録は支援対象者やその状況を実践者が観察した記録であり、一定の客観性をもつことから、客観的と区分することもできると考えられる。ただし、完全なる客観（真理）があるとすれば、一人の人間が記述したに過ぎない実践記録は、

媒体としての不完全さを意味することとなる。したがって、間主観的な理解を読み手に求めることになる。しかし、逆説的には、間主観性に基づく理解を前提として実践記録を用いることによって、実践現場に肉薄したデータが採集できるメリットが活用されるとも考えられる。また、実践現場の諸相の構造化を図ろうとすれば、実践中にその現象を情報化する以外の方法を考えるのは難しい。さらに、その情報化の方法を現実的制約（特に倫理面）から検討すれば、実践中に実験することも、特別な装置を持ち込むことも難しく、実践記録の有用性の高さが相対的に判断される。

　さらに斎藤（2018：27）では「実践科学における実践それ自体が、科学的な研究法、特に質的研究法と著しい形式的類似性をもっている」と論じられている。実践における情報収集、仮説の形成、実践での検証というプロセスと質的研究におけるフィールドワークの手法の類似性を指摘していると考えられ、これに基づけば、ソーシャルワーカーの実践記録は、質的研究のフィールドノートに相当するといえ、質的研究法によって構造化を図る本研究にあたって適した分析対象と考えられる。そして、実践対象を分析したフィールドノートをさらに分析している点では、実践のメタ分析（＝分析されたものをさらに分析すること）といえ、本研究の特性の一つといえると考えられる。

3　**調査方法とサンプリングおよび研究協力依頼**

　本項では、第4章および第7章における質的研究のサンプリングについて述べる。

　当該研究は筆者が支援相談員としてソーシャルワーク支援をするなかで行った研究であり、調査方法としては参与観察法といえる。また、支援相談員として現場にかかわっていることからは、研究者が「完全なる参加者」（佐藤，2002：69）となるタイプの研究である。当該研究の研究協力者は、2015（平成27）年〜2018（平成30）年の間に入所した利用者・家族に対し、入所前面接において研究協力依頼を行い、研究同意が得られ署名された同意書を持参された利用者・家族の41件である（**表3-1**）。当該研究では、調査期間中における、老健への新規入所者すべて

表 3-1 研究協力者における属性の度数分布

本人性別	男	女	合計
	21	20	41

本人年齢	40代	50代	60代	70代	80代	90代〜	合計
	1	1	4	9	21	5	41

要介護度	要介護1	要介護2	要介護3	要介護4	要介護5	合計
	0	6	10	11	14	41

高齢者の日常生活動作	J	A1	A2	B1	B2	C1	C2	合計
	0	2	8	15	11	4	1	41

認知症高齢者の日常生活自立度	なし	I	IIa	IIb	IIIa	IIIb	IV	M	合計
	5	12	4	5	9	1	5	0	41

キーパーソンの続柄	妻	夫	娘	息子	父	母	兄弟	姉妹	甥	姪	友人	その他	合計
	7	2	16	8	0	1	0	3	1	1	1	1	41

病名 ※老健入所に至る疾患 複数該当有	脳血管・神経疾患	運動器疾患	呼吸器疾患	悪性腫瘍	認知症	その他の疾患による廃用症候群	合計
	17	13	2	1	11	9	53

入所元	医療機関	在宅	福祉施設	その他	合計
	32	6	3	0	41

本人入所期間（日）（※集計時）	0〜30	31〜60	61〜90	91〜180	181〜360	361〜	合計
	1	4	4	14	11	7	41

退所先	在宅	特養	他老健	グループホーム	その他介護施設	その他	合計
	19	7	4	1	6	4	41

に研究協力を依頼している。また、当該研究における研究目的の特性
上、研究目的の達成のみを意図して対象者にアプローチすることはな
く、対象者への毎日の実践活動のなかで得る支援活動の展開につながる
気づきと研究上の目的は重複している。

3 ｜ 当該研究の倫理的配慮

　実践と研究が連動する実践研究における研究倫理上の特徴として挙げ
られることは、実践それ自体は、研究倫理上の配慮を行いながら遂行さ
れるものではないということがある。例えば、実践において、対象者に
対して「研究上答えたくないことは答えなくていい」とはいえない。し

たがって、研究データの収集作業において研究倫理上の規制を利かせることは難しく、その研究同意およびデータ処理において、研究協力者に対する不利益を統制する必要がある。本項では、実践研究における研究遂行上の配慮事項について述べる。

１　研究への同意

　当該研究への同意は、主に入所前面接において、書面を用いて研究内容を説明し、研究への同意が得られた場合には、入所後に同意書の提出を依頼している。介護保険施設の利用にあたって必須の「重要事項説明」において、当該施設では個人情報使用目的の一つに「研究目的の使用」がある。これは当該研究とかかわらず策定されているものだが、この項目の説明を契機に現在実施中の研究として当該研究を説明した。

２　個人情報への配慮

　研究協力者は支援対象者でもあるが、支援記録を研究に二次利用されることは理解していても、支援相談員にかかわって何かを表現する際、研究目的での利用を想定し続けているわけではない。また、研究機関に所属する研究者においては、実践現場のフィールドワークを行う際、調査場所の匿名化が可能なことに対し、実践者の現場研究は調査場所を匿名化したとしても、事実上、調査場所は実践者の所属先だと容易に推測できる。したがって、こうしたデータを利用するにあたっては、個人が特定されないための特別な配慮が必要である。

　一方、質的研究法においては、研究協力者の個人的な属性（年齢・年代、病名、家族構成など）を列挙する表示をした研究が散見される。調査実施機関に無関係な第三者では、個人を特定することはできないが、調査実施機関における関係者であれば、表示内容の組み合わせにより、個人を割り出すことは容易なことも想定される。また、当該研究のような場合には、研究協力者である支援対象者が普段表出していない感情や価値観を支援相談員にあてて披瀝した際、その発言について調査実施機関内の関係者にこそ、個人を特定してほしくないという心配を抱くと思わ

れる。したがって、個人情報への配慮は、氏名や住所のみを秘匿としたり、関係者による善意の配慮を前提としたりするものではないと考えられる。そこで当該研究では、**表 3-1** に表示されるように、属性の組み合わせにより個人の特定が図れないよう、その分布を報告している。

　また、データを逐語的に表示すれば、その特定の状況や個性のある言い回し等により、調査実施機関の関係者（内部職員や外部連携先）に、個人が特定されうることになる。研究によっては、研究対象の個性を探求する志向性もあり、逐語を加工せずに文中に掲載する必要がある場合や、個人の特定につながる背景情報をも開示する場合も考えられる。その際には、研究同意にあたって「匿名処理をするが、関係者によって個人の特定は可能」という点に関し、相応の倫理的な合理性や説明が求められるだろう。しかし、当該研究においては一般の科学的研究と同様に、「同一性の追究」を志向するため、データのうち個人的な部分であると判断されたものは、研究上必要ではなく、不用意に開示すべきではないと考えられる。

　したがって当該研究では、質的統合法（山浦, 2012）のラベル化の技術を援用し、支援記録から研究目的にそった文意を残しつつ、個別的な状況は切り落としたラベルを生成し、構造化にあたっての分析データとした。これにより個人が特定される可能性は低下させることができると考えられる。

　また、当該研究および本研究における実証的な研究は、研究期間中において所属する医療法人および首都大学東京（当時、2020（令和2）年4月より東京都立大学に名称変更）による倫理審査（承認番号 H29-85）を受けている。

第 4 章

退所支援における
利用者・家族に対する
ソーシャルワーク支援の
課題

～支援相談員の支援記録における事例の分析を通して～

本章は『ソーシャルワーク研究』誌に掲載された間嶋（2018）を加筆修正したものである。

1 ｜ 本章の目的

第1章では、介護老人保健施設（以下、老健）における退所支援の重要性のもと、支援相談員においては退所支援が中核的な実践となってきていることを述べた。そして、老健におけるソーシャルワークの先行研究において、支援相談員の実践を対象とした研究は極めて少なく、退所支援をめぐる支援課題が体系的に明らかにされた研究は見当たらないと述べた。そこで、本章では、退所支援における実践研究として支援相談員の実践事例をもとに、退所支援における課題の分析を行い、構造化を図る。

2 ｜ 分析方法

本章における調査対象者および質的研究方法は、第3章で述べた方法に依拠している。本項では、本章に特有の分析方法や分析過程を述べることとする。分析は、老健の現任の支援相談員である研究者によってなされた。分析上のスーパービジョンは、老健ソーシャルワークに関する研究実績をもち研究機関に所属する研究者より受けている。

調査実施機関であるA老健における相談員支援記録より研究目的に合致した記録を抽出しローデータとした。さらに、ローデータから研究目的に合致したラベルを生成した。分析手順は、支援記録より131個のラベルが生成され、ラベルは分析ワークシートを活用し類似性をもとにカテゴリー化され、さらにカテゴリー間の関係性が分析され構造化された。その後、構成された構造の説明性の確認を目的として、80個のラベルを用いて、生成された構造への該当性を確認した。

3 | 結果

　質的分析の結果、退所支援は【退所先の方向性の決定】と【三要因間の不調和の結果】、【退所先へのマネジメント】の三つの局面に分けられ、それぞれの下位カテゴリーが抽出された。抽出されたカテゴリーとカテゴリー間の構造を以下に示す。

　各カテゴリーの記号表記は局面を示す際には【　】を用い、小カテゴリーは〈　〉、事例の内容を一行で示した「見出し」は・(中黒)、カテゴリー間の関係を示す際には"　"を用いる。なお、カテゴリーの名称表記は文脈に応じて、代名詞への変更や助動詞の活用変化、名詞部分のみを切り出すなどを行っている。データと記述の対応を示すため、事例はd-x のように通し番号が振られ、事例部分はアンダーラインを引き、カテゴリーとその関係を**図 4-1** に示す。矢印等の棒線はカテゴリー間

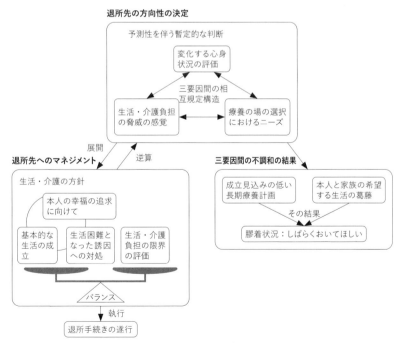

図 4-1　退所支援における利用者・家族に対するソーシャルワーク支援の課題

の影響やその方向性を示し、棒線ごとにその内容を記している。

I 退所先の方向性の決定

【退所先の方向性の決定】は、入所した利用者がどこに退所をするのかという方向性を決定する局面である（図4-2）。

（1）-a 変化する心身状況の評価

本カテゴリーは、老健入所後の時間の経過による本人の心身状況の変化に伴う、生活機能の向上（低下）をはじめとして、精神機能や気持ち、意向などの変化を評価していくことである。家族が入所中、時間帯や頻度が限定されたなかでの本人との面会で本人の状態を把握することはしばしば困難を伴う。本カテゴリーは、以下の事例等により構成される。

d-1：大腿骨頸部骨折後に回復期から在宅復帰困難で入所申込にいたった90代の女性。通い介護を行ってきた長女は、受傷前の状態に近く戻れば在宅復帰させたいが、難しいとも考えており施設長期入所も同時に

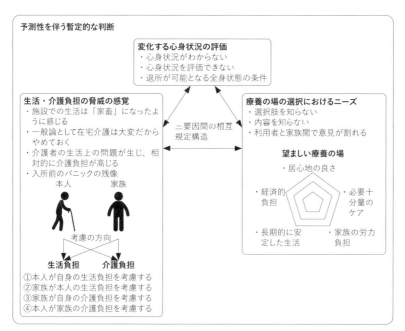

図4-2　退所先の方向性の決定

検討している。（入所申込面接）

d-2：娘より、特養側から入居には内服が多すぎるといわれたため、薬を少なくすることができるかとの問い合わせあり。（入所後1年）

　d-1 では、退所後の利用者・家族にとって〈療養の場の選択におけるニーズ〉は、本人の ADL の回復状況次第だと考えていることから、〈心身状況〉が〈療養の場〉を規定する関係にあり、《暫定的な判断》となっていることや、〈心身状況〉を把握していくことが課題となっていることが示されている。

　d-2 では、〈療養の場〉に適合するかという視点から〈心身状況が評価〉されていることが示されている。その他には、・心身状況がわからない、・心身状況が評価できない、・退所が可能となる全身状態の条件、等の事例が確認される。

（1）-b　療養の場の選択におけるニーズ

　本カテゴリーは、利用者・家族にとって望ましい療養の場を選択する際のニーズを指す。本人と家族の間には、介護者と要介護者という関係もあり、〈療養の場〉により利害がわかれる場合もある。利用者・家族では療養の場のレパートリーや選択後の未来予測が想定困難であることから、個人―利用者・家族―社会資源の相互作用に係る課題を有している。本カテゴリーは、以下の事例等により構成される。

d-3：若年の女性である本人は現在の施設生活について、嗜好に対する禁止事項が多く行動の自由は少なく、家畜になったような気分がすると話した。

d-4：内科疾患による廃用症候群後のリハビリ目的で入所した80代の女性。就労している同居の娘は、日中の生活に介助が必要であれば、有料老人ホームを検討したいが、なんの当てもないとのこと。

　d-3 では、老健での自律的でない生活に居心地の悪さを感じていることを示す表現が認められ、〈生活の負担〉より施設療養は場として不適であることが示されている。

　d-4 では、〈本人の心身状況〉が日中の介護を必要とする場合には、必要十分量のケアが受けられることから有料老人ホームが望ましい療養の場だと考えている。また、選択においてはどのような施設があるかを知らないという社会資源知識に関する課題が示されている。ほかの事例

から望ましい療養の場として、・居心地の良さ、・必要十分量のケア、・家族の労力負担、・長期的に安定した生活、・経済的負担の五つが枠組みとして抽出された。また、選択における課題として、・選択肢を知らない、・内容を知らない、・利用者と家族間で意見が割れる、という課題が確認された。

（1）-c　生活・介護負担の脅威の感覚

　本カテゴリーは、ある特定の退所先における生活を想定した際に、本人自身が生活を送ることへの負担や、家族が介護負担に対する脅威を感じることを指す。家族に介護上の負担が生じる場面では、必然的に本人にも生活上の負担がある。これは 2×2 構造を意味し、負担を伴う意思決定をする際、①本人が自身の生活負担を考慮する、②家族が本人の生活負担を考慮する、③家族が自身の介護負担を考慮する、④本人が家族の介護負担を考慮する、という 4 ラインが交錯することになる。そして、これらを利用者・家族がお互いに読み違えたり、考慮が足りないことですれ違いが生じることがある。

　また、〈脅威〉を感じることは、生活課題を特定し、退所後の生活の破綻を防ぐことにもつながるが、〈脅威の感覚〉が過剰となれば、本人の幸福追求権等が自他によって無根拠に抑制されることにもなりえ、ソーシャルワークの相談機能などの活用が求められる。本カテゴリーは、以下の事例等により構成される。

d-5：在宅から ADL 向上を目的に入所した脳卒中後遺症の 60 代の男性。入所後 3 か月が経過し、本人の ADL に著変はないが、同居の妻は病気の子どもや実母の世話が生じたため、本人の世話はもうできず、在宅は困難だと申し出た。

　d-5 は、妻の生活上の負担が新規に高じたことで、相対的に本人への介護負担許容量が低下し、入所前の介護負担をもとに本人の状態は在宅で世話することの脅威性が高い、という評価に至っており、〈介護負担〉から〈本人の心身状況の評価〉をする例である。同型の例では、一般論として在宅介護における〈介護負担の脅威〉が高いことを理由に、〈変化する本人の心身状況〉にかかわらず在宅困難と結論する例（・一般論として在宅介護は大変だからやめておく）等が確認される。また、入所前に生じた介護が原因の強いストレスが残像となり、本人の状態が改善して

いても脅威の感覚が持続する例が確認される（・入所前のパニックの残像）。本人の視点からは、前項 d-3 において・施設での生活は「家畜になった」と感じるほどの〈生活負担〉を施設生活に感じている例もある。また、家族の〈介護負担〉と本人の〈生活負担〉がお互いにすれ違う例は、後述の d-9 等から確認される。

（1）-d　予測性を伴う暫定的な判断～三要因間の相互規定構造～

　上述してきた〈変化する心身状況の評価〉〈療養の場の選択におけるニーズ〉〈生活・介護負担の脅威の感覚〉は相互に規定し合う関係であることが、d-1 から d-5 および d-9 の事例より解釈される。すなわち、三要因間で相互に規定し合う構造が示されている（**図 4-1**）。

　例えば、本人の心身状況は医学的介入や老化、病状の悪化などにより変化し、また、その変化はスタッフや利用者・家族によって、医学的知見や希望的観測に基づいた一定の予測がなされている。したがって、予測外の事態が生じることがありうるため、退所が決定するまで常に計画は暫定的なものとなる。つまり、暫定的であり計画が変わりうることが支援上の一つの課題であり、そうしたなかで、退所に至るまでの一定期間機能する計画へと収束していくことは、ソーシャルワークにおけるケースマネジメント上の課題を有する。本カテゴリーは、以下の事例等により構成される。

d-6：病院で紹介された早急な入居が可能な遠方の特養への入居を前提に入所したが、入所後に近隣の特養入居まで老健に入所していたいと家族より申し出あり。

　d-6 では、入所後の時間の経過により、入所時の《暫定的な判断》から〈療養の場の選択におけるニーズ〉が変化し、早急に入れる特養から、家族にとって通いやすい特養へと心変わりしたことが示されている。このような退所意向の心変わりは、ほかに在宅方向から施設長期入所、あるいはその反対に変更するなどの事例がみられる。

■2　三要因間の不調和の結果

　■1では老健からの【退所先の方向性の決定】には、三要因間の相互規定構造のなかで課題が生じていることが示された。三要因各々の重要性

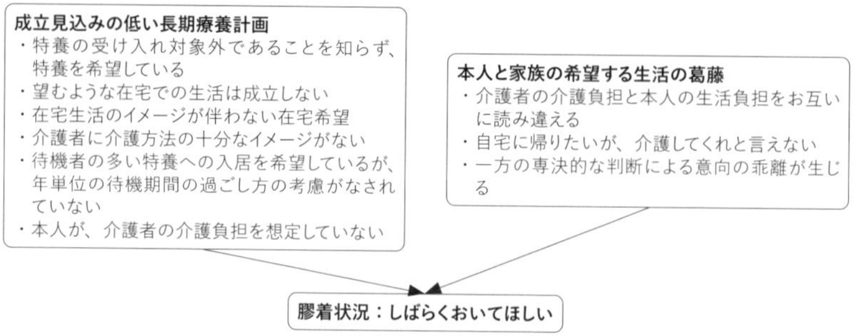

成立見込みの低い長期療養計画
・特養の受け入れ対象外であることを知らず、特養を希望している
・望むような在宅での生活は成立しない
・在宅生活のイメージが伴わない在宅希望
・介護者に介護方法の十分なイメージがない
・待機者の多い特養への入居を希望しているが、年単位の待機期間の過ごし方の考慮がなされていない
・本人が、介護者の介護負担を想定していない

本人と家族の希望する生活の葛藤
・介護者の介護負担と本人の生活負担をお互いに読み違える
・自宅に帰りたいが、介護してくれと言えない
・一方の専決的な判断による意向の乖離が生じる

膠着状況：しばらくおいてほしい

図 4-3　三要因間の不調和の結果

は自明だともとれるが、相互規定されているなかでは、三要因のいずれかの状況の検討に固執する、もしくは一方が変動した際に連動する他方への思慮が脱落する例が確認される。特に d-1 で示したように、同時並行的に複数の【退所先の方向性】を検討している場合には、三要因間と検討する方向性と、変動を認識した分の積に相当する検討が必要だということを意味する。高齢やフレイルの状況にある本人や家族がほかの生活面の課題を抱えつつ、これらの検討を十分に行うことは困難だと考えられる。以下では、そのような検討が"不調和"となっている例からカテゴリーを生成する（図 4-3）。

（2）-a　成立見込みの低い長期療養計画

　本カテゴリーは、退所先の方向性決定の局面において、上述した三要因間の吟味が不十分であり、計画として収束していない際に、〈成立見込みの低い長期療養計画〉となってしまうことである。本カテゴリーは、以下の事例等により構成される。

d-7：70 代の利用者は認知症による徘徊や不穏・暴力があり在宅介護困難となった。入所申込面接時、娘から特養の申し込みを事前にしたほうがよいかと相談あり。

d-8：脳卒中後のリハビリ目的に回復期病院から入所した 50 代の身寄りのない男性。本人は在宅復帰の意気込みは強いが、施設生活においては排泄介助を介護者に委ねている状況。

　d-7 では、〈介護負担への脅威〉により家族は〈療養の場〉として特養への入所を希望しているが、一方で、本人の身体状況については、認知症による BPSD のため特養への入所は一般に望めない状況である。

つまり〈療養の場〉によって規定される〈本人の心身状況の評価〉（特養がどのように本人を評価するか）が検討されていない。本人の〈心身状況〉が受け入れ側の対象とはなり難いことが予測される際には、現実的な選択肢にはならず、家族の〈計画は成立見込みが低い〉といえる。同様に、・待機者の多い特養への入居を希望しているが、年単位の待機期間の過ごし方の考慮がなされていない、例などがみられる。

　在宅復帰に係る事例では、d-8のように、本人が在宅復帰への願望がある一方で、〈療養の場〉として在宅を選択するならば、自身の〈心身状況〉として排泄動作の自立が必須となるという、在宅生活のイメージが伴わず、在宅復帰を希求している状況が示されている。同様の例として、・介護者に介護方法の十分なイメージがないこと、および・本人による介護者の〈介護負担〉の想定が曖昧なままに、〈療養の場〉として在宅を前提にしている例などが確認される。

（2）-b　本人と家族の希望する生活の葛藤

　本カテゴリーは、本人と家族との間で、《三要因間》の認識が整合せず"不調和"となり、【退所先の方向性の決定】や【退所先へのマネジメント】において〈両者が考える生活が葛藤する〉ことである。本カテゴリーは、以下の事例等により構成される。

d-9：介護負担が高じ、夫婦の関係性に係るトラブルが原因で、一時的な分離を目的に入所した要介護2の男性。妻はトラブルの再発をおそれ在宅復帰か他老健への移転かを迷っている。外泊したところ、妻は家屋内が寒く、施設療養させることが本人のためとの理由を考えたが、本人は家に帰る約束だと強く主張している。

　d-9の例では、施設入所を希望する家族と在宅を望む本人という構図だが、夫婦間で、在宅における妻の〈介護負担〉と、施設療養における本人の〈生活負担〉への考慮が一致せず、〈療養の場の選択〉についての調和がとれておらず、《葛藤》状況に至っていると解釈される。同様の例では・自宅に帰りたいが、介護してくれと言えない、といった本人の葛藤や、・一方の専決的な判断によって意向の乖離が生じる、といった例が確認される。

（2）-c　膠着状況：しばらくおいてほしい

　本カテゴリーは、〈成立見込みの低い長期療養計画〉が成立しなかっ

た結果や、〈本人と家族の希望する生活の葛藤〉が解消されなかったことにより、事態が膠着することである。〈しばらくおいてほしい〉とは本カテゴリーを代表する声として事例より抜き出したものである。長期入所は、それを許容するか否かの老健側の判断に応じて問題の性質が異なるが、終身滞在型施設としての制度設計としては不十分な老健にあって、老健への長期的・無期限的な滞在が、本人の最晩年の過ごし方として適切かどうか QOL 視点からの検討課題を有する。本カテゴリーは、以下の事例等により構成される。

d-10：在宅で転倒し、経過観察を目的にミドルステイで入所した要介護 3 の 80 代の男性。入所後、別棟に住む娘より、妻との二人暮らしは妻のストレス上困難で、しばらくおいてほしいとの要望あり。

d-11：居住圏外への特養申込みを計画し入所に至った 80 代女性。入所日に家族は、特養申込みを拒否し、現老健からの退所に応じない意向を表した。

　d-10 について、退所延期の申し出は、妻のストレスが除去されるまでを意味しており、事態は〈膠着〉し、退所時機の設定は困難となることが示されている。

　d-11 では、特養への移転は、それに伴う何かにより、家族が思う望ましい〈療養の場〉とはなりえず、老健での無期限の入所継続について、老健側と合意を図る意思が解釈される。

3　退所先へのマネジメント

　この局面は、【退所先の方向性の決定】にしたがって"展開"され、在宅や長期療養施設への入居の準備に着手していくことである。また、【退所先の方向性の決定】における〈「療養の場」を選択〉する作業や〈生活・介護負担の脅威〉の吟味には、ある〈療養の場〉を選択した際には、そこでの生活および退所が現実的に"執行"されるかという予測が、【退所先へのマネジメント】から"逆算"される（図4-4）。

（3）-a　生活・介護の方針
　本カテゴリーは利用者・家族がどのように生活・介護をしていくのかという課題を示している。生活や介護が何をもって営めているかとみな

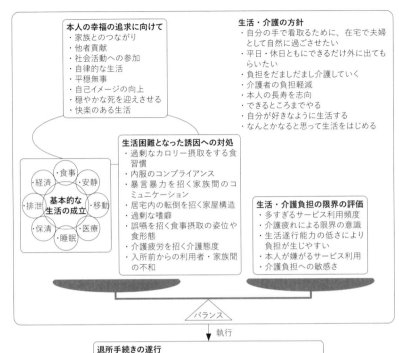

図 4-4　退所先へのマネジメント

すかは、利用者・家族が望む生活の送り方に依拠しつつ、以下の下位カ
テゴリーの集積によって構成される。

　利用者・家族が望むゴールや現実的な落としどころが端的に明示され
ることで、多職種による円滑なかかわりや利用者・家族が退所後に臨む
生活の具体的なイメージの醸成が図られることが考えられる。しかし、
〈生活・介護の方針〉は利用者・家族が宣言するものでは必ずしもなく、
支援者の経時的なかかわりによる共感的理解の末に導出されるものでも
あり、相談機能上の課題でもある。本カテゴリーは、以下の事例等によ
り構成される。

d-12：要介護状態で数年在宅生活し、進行性の神経疾患と廃用症候群
で入所した要介護 5 の 80 代男性。在宅復帰にあたって、妻は介護疲れ

も溜まってきており、下の世代に残さず、自分の手で看取るために、在宅で夫婦として自然に過ごしたいとの思いを語った。

d-13：ADL は自立ながら高次脳機能障害がある若年の男性の在宅復帰について、保護者機能が求められる妻は本人は家にずっといたいと言っているが、入所前に家族不和があり、障害に起因する生活上の失敗を許容する気持ちになれず離婚も考えたと話し、平日・休日ともにできるだけ外に出てもらいたいとのこと。

　d-12 は、介護者が極限を意識し、本人の予後、夫婦生活の完結、下の世代への責任などの多様な価値のなかから、自然に過ごすという一定の方針を決めている例だが、「自然に過ごすとは？」という、方針を具体化する課題を有する事例である。

　d-13 は、妻の精神的な介護負担の許容量に収まる方針が求められるが、本人の自由が高度に抑制された方針に至れば、それも問題を孕むことになる事例である。

　他に、・介護者が潰れそうな方針、・早期の生活困難が予測される方針など、方針の立て方に課題を有する例と、・負担をだましだまし介護していく、・介護者の負担軽減、・本人の長寿を志向、・できるところまでやる、など方針にしたがった具体的方法への課題が生じる事例が確認される。また、本人自身が考える生活の方針としては、・自分が好きなように生活する、・なんとかなる、・配偶者の迷惑になりたくない、などが挙げられている。

（3）-b　基本的な生活の成立

　本カテゴリーは、退所後の基本的な生活が充足するための課題である。〈基本的な生活が成立〉しない場合には、その場での生活の継続が困難に陥る。本カテゴリーは、以下の事例等により構成される。

d-14：脳出血後のリハビリを目的に入所した要介護 5 の 80 代の女性。短期集中リハビリ実施後、夫は在宅復帰を決めたが、入浴介助や排泄介助が自分らでできることかどうかわからないと話した。

　d-14 では、基本的な生活の成立として、・排泄、・保清に課題があることを挙げている。ほかの事例からは、・食事、・安静、・移動、・医療、・睡眠、・経済という課題が最低限の課題として抽出された。

（3）-c　本人の幸福の追求に向けて

　本カテゴリーは、退所後の生活において本人の居心地の良さや生きがいなどの幸福に資する条件や行為について、利用者・家族が追求する姿勢をみせることである。〈幸福の追求〉は〈基本的な生活の成立〉や〈生活困難となった誘因への対処〉ができたうえに成り立つものだが、利用者・家族の努力は本カテゴリーを志向して営まれる。利用者・家族が望む生活が老健内で確認される心身状況や活動状況から演繹的に検討され、可能性のあるものは社会のなかで実現されるための工夫や助言が求められる、あるいはその実現をゴールとしたリハビリの課題が明確となったり、社会資源の活用につながったりする課題である。本カテゴリーは、以下の事例等により構成される。

d-15：脳卒中により半身麻痺と短期記憶障害を負い仕事を失った若年の男性。本人から、退所後には少しでも仕事をしたり、家族に食事をつくってあげたりしたいとの希望が語られた。

d-16：一人暮らしのなか、脳卒中により短期記憶障害を負った70代の女性。息子は同居生活の開始か、施設療養かを検討し、施設療養の場合、どの程度の面会頻度が本人にとって望ましいかと相談あり。

　d-15 は、在宅生活において、家族への貢献に対する役割をもつことを志向し、家事や経済活動への参加を希望している。同様の例では、・社会活動への参加を望む、ものが確認された。

　d-16 では、長期施設療養の際に、利用者・家族間のつながりと面会頻度との関係を検討している事例と解釈される。

　その他には、・自律的な生活、・平穏無事、・自己イメージの向上、・穏やかな死を迎えさせる、・快楽のある生活を送る、が確認された。

（3）-d　生活困難となった誘因への対処

　本カテゴリーは、老健への入所に至った誘因をアセスメントし、再発の予防あるいは統制困難として二次的な対処方法を検討していくことに関する課題である。課題の種類によっては、在宅生活から施設生活に変更する際においても検討しなくてはならない課題もある。また、以下に示すように、誘因には〈本人の幸福の追求〉に重複するものもあり、状況に相関した価値判断を要する課題でもある。

d-17：両下肢の不全麻痺があり、在宅生活を送ってきた男性。体重超

過により移動能力が低下し、妻による起居動作の介助も困難なほどとなる。居宅居間には茶菓子が山盛りにされている。

d-18：脳卒中により回復期病院よりリハビリ継続目的で入所申込に至った、70代の男性。家族からは、発症には家系的な血管のもろさと、入院前に降圧剤を自己中断していたようだ、と。

　d-17は、・過剰なカロリー摂取をする食習慣、が体重超過を招いていることが懸念され、d-18は降圧剤の自己中断と脳血管疾患の直接的な因果関係についての医学的な判断が待たれ、今後の内服管理のあり方、他者からの支援に影響を及ぼしうる例（・内服のコンプライアンス）だと解釈される。

　その他に、・暴言暴力を招く家族間のコミュニケーション、・居宅内の転倒を招く家屋構造、・過剰な嗜癖、・誤嚥を招く食事摂取の姿位や食形態、・介護疲労を招く介護態度、・入所前からの利用者・家族間の不和、などが確認された。

（3）-e　生活・介護負担の限界の評価

　本カテゴリーは、本人の生活負担や家族の介護負担の限界を評価していくことである。〈基本的な生活の成立〉や〈本人の幸福の追求〉、〈生活困難となった誘因への対処〉などの課題を積み上げ式に検討し、それぞれが妥当であっても、利用者・家族の負担の限界を超えるようでは生活の破たんを招くおそれがある。したがって、課題や目標とそれに対する負担の両者を天秤にかけるような"バランス"をとることが必要となる（**図4-4**）。そして、計画を実行する際に、利用者・家族にどの程度の負担が生じるかという点は、自身では想定困難なこともあり、介護現場やサービス利用に対する知識や経験が求められる課題である。本カテゴリーは、以下の事例等により構成される。

d-19：リハビリによる心身機能の向上により在宅復帰を予定し、社会活動への参加を希望している半身麻痺と高次脳機能障害のある要介護4の男性。退所後のサービス利用検討にあたって、妻は自立性向上を図るため毎日の通所リハビリを提案した。

　d-19は、家族は本人の自立性を高める《方針》の優位性をもとに、毎日の通所リハビリを提案しているが、本人にとっての負担に課題が残る例（・多すぎるサービス利用頻度）である。また、前項のd-12では、・介

護疲れにより限界が意識されており、d-13では、・介護負担への敏感さが高く〈限界〉に至りやすい状況が示されている。他の事例では、・生活遂行能力の低さにより負担が生じやすい、・本人が嫌がるサービス利用、などが確認される。

（3）-f　退所手続きの遂行

　本カテゴリーは、退所の際に必要な事務作業や作業工程や日程の調整などの手続きを遂行するうえでの課題である。手続きには、医療情報の伝達など本来的に施設職員で"執行"すべきものもあるが、利用者・家族が有する課題としては、以下の事例より、ソーシャルワークにおける代理・代弁行為や補佐的行為に関係する例が確認される。

d-20：要介護3で独居の70代男性の在宅復帰に向けた退所前訪問指導時に、本人は懇意にしていると認識していた隣家主人より、火の元などの不安を理由に、在宅生活をしてほしくない旨が本人に聞こえないよう相談員とケアマネに伝えられた。

d-21：脳卒中による半身麻痺にて要介護4で独居での在宅復帰に向けてリハビリ中の若年の女性。居宅内が大量のモノで乱雑だが、本人はモノを処分することに躊躇し、退所時期が保留状況。

d-22：季節利用で入所したが退所目前に同居の家族が入院してしまった要介護2の80代男性。主介護者の娘は負担感から退所日を延期させたいが、いつまで延長させるかは不明だとのこと。

　d-20では、・退所手続きをとるうえで、近隣住民からの理解が得られない、という状況がみられる。このような周囲の協力が得られない例は、・在宅の支援スタッフからの協力が得られない、等の例が確認される。

　d-21は、本人の特性として家屋の整理整頓をすることができない例だが、利用者・家族の能力や状況に由来する例では、・実務的手続きがとれない、・動ける家族がいない、といった例が確認される。

　d-22は、・退所手続きの遂行の期限を設定できない状況を示している例である。

4 ｜ 小括

　本研究により退所支援をめぐる利用者・家族における支援上の課題が抽出され、三つのカテゴリーからなる構造が示された。

　老健ソーシャルワーク実践上の意義では、〈三要因間の相互規定構造〉を示した点が挙げられる。本研究では利用者・家族が三要因のうちの一つの検討に執着し、連動する他方への検討が脱落する例を示した。スタッフ間の協議等では、ADL の高い利用者の在宅復帰断念や退所先の心変わりに対して、不服の念が噴出する臨床場面は少なくないと思われる。このような場合、スタッフ側が一要因の達成状況で在宅復帰が規定されると考え、他要因の課題への思慮や、三要因の相互規定構造が常に変動していることを見落としている可能性がある。利用者・家族に立ち現れている三要因の変動性を見極めて、変動が収束する方向に経時的にかかわっていけば自ずと退所先の方向性が定まってくる。例えば、本人の〈心身状況は常時変化〉するものだが、「トイレはいける」という状況は一定の固定性をもつことができ、利用者・家族の関心に該当するようであれば、〈療養の場の選択におけるニーズ〉や〈生活・介護負担の脅威の感覚〉が規定されうる。逆に、例えば介護者が「今は元気だが、そのうち元気がなくなる」と老化を脅威のように思う場合、老化は避けようのない現象であるため、〈生活・介護負担の脅威〉のうち、介護者における〈脅威〉が固定しているといえる。こうしたケースでは、本人の ADL がどれだけ回復しても、「在宅復帰は困難だ」という結論に変動は生じないことも起きうるということである。

　【三要因間の不調和の結果】について、〈膠着状況〉として、適切な退所先がないというケースは利用者や家族の希望が叶わないということでもあるが、こうしたケースが多くなれば第 1 章で述べたように、施設運営においても健全な経営が困難に陥るおそれもあるということである。しかし、利用者・家族間に葛藤が生じ、膠着した状況に対して退所を目的とした操作を試みてもソーシャルワークにとって有意義な帰結が得られるとは考えられない。【三要因の不調和の結果】は膠着すると予測することで、【退所先の方向性の決定】のなかで葛藤が膠着に至らな

いための取り組みが有意義だと考えられる。

　【退所先へのマネジメント】は、主として在宅復帰をしていくケースにおける課題で構成された。〈本人の幸福の追求に向けて〉は、老健から退所することを限定的に支援するのではなく、退所後に本人が幸福であることを支援することはソーシャルワークの意義として重要だと考えられる。同カテゴリーの下位項目はその具体例として挙げられているが、こうした項目への支援を行うことは、本人の幸福の追求に貢献する支援になると考えられる。

　また、〈基本的な生活の成立〉において「経済的成立」がカテゴライズされたが、歩行や排泄など動作面の自立性のみではなく、支払いや契約などの社会的活動が付加されている点では、IADL（Instrumental ADL＝手段的日常生活動作）に近似すると考えられる。しかし、本カテゴリーでは、「安静」や、「睡眠」など、これまでのIADL尺度（例えば、Lawton, M. P., & Brody, E. M., 1969）では確認されない項目が生活に不可欠な項目として、実践現場からボトムアップに立ち上げられた。また、生活の成立においては、利用者本人の動作に限定して着目する必要はなく、利用者・家族の機能をとらえてカテゴリー化されており、利用者・家族の日常生活機能として考えられる。本人の自立性、介護者対応やサービス活用をもってしても、これらの項目のどれかが成立しなければ、在宅生活も基本的には成立しないということであり、在宅復帰のアセスメントや計画を立案する際の視点として有用だと考えられる。

退所支援における
利用者・家族に対する
ソーシャルワークの構造化

1 | 本章の目的

第4章では、支援相談員の支援記録の分析から、退所支援において利用者・家族が有する支援上の課題が抽出され構造化された。それに続き、退所支援においてどのような支援がなされるかという検討が求められると考えられる。

前章同様に、介護老人保健施設（以下、老健）におけるソーシャルワーク方法を体系的に論じた先行研究は見当たらないが、支援相談員の実践報告は多数存在する。本章ではそれらを分析対象として、老健の退所支援におけるソーシャルワークの構造化を図る。

2 | 方法

■1 分析対象とその特性

本研究では、全国介護老人保健施設大会における発表抄録（2012（平成24）年～2016（平成28）年）、全国老人保健施設協会が発刊する『老健』（2007（平成19）年～2017（平成29）年）、日総研出版『稼働率アップ 実践例と Q&A』（2014年）、『相談援助 & 業務マネジメント』（2012年～2013年）より、支援相談員による退所支援方法が記述されたテキストを抽出した。

インタビュー調査と比した際、こうした媒体の特徴は領域で著名な支援相談員や学術的な活動を行う程度に専門性の高い支援相談員の援助方法が全国規模で得られることが挙げられる。また、その内容には発表者の自発性、および発表者自身による内容の吟味が伴うことが考えられる。反対に、その欠点としては、研究者の関心に応じた追加情報が得られないことや出版バイアスが生じうることが考えられた。したがって、データ・トライアンギュレーション（「複数のソースからのデータを意図的かつ系統的に組み合わせて同一の調査課題について研究を進め、また概念の有効性について確認したり、他の概念との関係を明確にしていったりするアプローチ」（佐

表 5-1　インタビューから得られたデータ（一部）

協力者	性別	老健経験年数	保有資格		データ
A	男性	5 年	社会福祉士 介護支援専門員	A-1	標準的な介護施設のサービス以上のサービスを自費負担で求める、経済的に豊かな利用者家族に対応する介護施設を紹介する
				A-2	紹介センターに委託
				A-3	特養入居が困難な心身社会的状況の場合に民間介護施設を活用する
B	女性	10 年	介護支援専門員 介護福祉士	B	入所後に、条件のよい特養への変更希望を受け入れる
C	男性	13 年	社会福祉士	C-1	身体状況の伝達や事務手続きを中心に支援する
				C-2	経済的に豊かな人の長期療養では、プライバシーの確保か、職員の目の届きやすさかを勘案して、有料ホームかユニットケア特養かを勧めている

藤, 2005))を目的として支援相談員へのインタビュー調査を実施した（**表 5-1**）。

　インタビュー調査は機縁法により 3 名の対象者を抽出し、研究協力を得て研究同意書の取り交わしを行った。インタビュー方法は半構造化面接である。

2　分析の方法および過程

　分析対象を退所支援のソーシャルワークのうち、利用者・家族への直接的な支援に限定した。データの分析方法は、KJ 法を用いた。そして、文献より退所支援方法を述べている文章を意味単位で切り出した後にラベル化し分析データとし、186 個のデータが得られた。データは類似性をもとにカテゴリー化し、さらにカテゴリー間の関係性を検討し構造化を図った。また、図表上において各データは、KJ 法の「一行見出し」として短文化したものをラベルとして示している。

　検討過程では、データが在宅復帰支援に偏重した出版バイアスが生じていると考えられた。したがって、トライアンギュレーションとして支援相談員へのインタビュー調査が実施され、施設での長期療養支援のあ

り方についてさらに 34 個のデータが得られた。

3 | 結果

　分析の結果、220 のラベルが生成され、五つの大カテゴリー（【　】で表示）とその下位項目として 19 の小カテゴリー（〈　〉で表示）が生成された。その全体の構成図を**図 5-1** に示し、その内容を以下に詳述する。カテゴリー間の関係は " " で示す。また本文に引用したラベルは、それぞれのカテゴリーの図内（**図 5-2〜図 5-6**）で示している。

■1　施設と家族間の退所への相互理解による入所合意を図る

　このカテゴリーは、老健の入所前の段階で、本人・家族と施設側がお互いに立場や状況などを理解し合い双方の合意の得られる入所目的を見出すことである（**図 5-2**）。老健への入所は、侵襲性のあるケア（例えば、内服調整や創部管理）も含め、本人・家族に多大な影響を与え得るため、自施設で対応困難なニーズを曖昧に引き受けたり、本人・家族に過大に期待させたりすることは、後々の弊害にもなりえる。自施設を社会資源の一つとして、適切なマッチングを図ることはソーシャルワークとして重要な支援である。

　川原田（2014）が示すように、老健でのインテークは将来をも見据えた話し合いであり、老健と家族の相互理解に至ることが求められる。したがって、曖昧な入所目的に対し、支援相談員が毅然とした姿勢を示す（塩原，2014）こともあれば、松本（2014）に示されるように、相互理解が得られなければ入所合意に至らないこともある。

（1）-a　家族の現状認識と対処方針への働きかけ

　このカテゴリーは老健退所後の生活における家族の現状認識と対処方針に対して働きかけることである。黒田（2016）では、家族の未来予測に基づいた在宅復帰困難との意向に対し、実際的な予測の視点を提供した相談支援が確認される。また、家族意向の単純な確認作業にとどまらず、〈本人のニーズを汲む〉、〈自施設の機能と限界を提示〉、〈社会資源

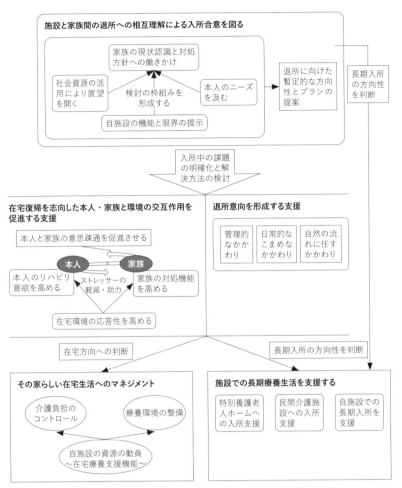

図 5-1　退所支援における利用者・家族に対するソーシャルワークの構造

の活用により展望を開く〉によって"検討の枠組み"を構成し、家族の現状認識や対処方針に対し働きかける。

（1）-b　本人のニーズを汲む

このカテゴリーは、本人が入所前面接に臨席できない場合や意思表明が困難な場合もあるなか、支援相談員が本人に必要なことを汲み取ることである。

宮内（2016）では、家族の意向と同時に、本人の意向が入所中のケア

施設と家族間の退所への相互理解による入所合意を図る
・インテークではただの受付ではなく老健側と家族がお互いのことを理解し在宅復帰の可能性を模索し、先々のことまで話し合う場にする（川原田，2014）
・とにかく施設に入れたいといった入所申込を積極的に支援することはない（塩原，2014）
・在宅復帰志向を説明し理解を求めたところ入所申込がキャンセルに至った（松本，2014）

家族の現状認識と対処方針への働きかけ
・家族の未来予測に対し、実際的な予測の視点から、相談支援を行う（黒田，2016）

社会資源の活用により展望を開く〜介護負担のコントロールされた在宅復帰のイメージ〜
・福祉サービスについて、早期に家族に説明したことにより、本人・家族が在宅生活がイメージできた（近藤，2015）
・リピート利用とショートステイの活用によって、在宅での生活期間を、家族の状況に合わせてコントロールしていく、「賢い利用方法」があることを伝える（全老健，2017②）

検討の枠組みを形成する

自施設の機能と限界の提示
・利用者家族と入所目的についての意識を統一するために、老健の機能、役割、方針について、家族が「退所させられてしまう」という不安をいだかないよう説明する（町田ら，2015）
・施設に運営にかかわる法律の変化などを隠さず家族に説明し老健の役割の理解を得たうえで入所してもらい、余計なトラブルを避ける（全老健，2017①）
・入所期間の目安を3か月と説明（仲山，2012）
・在宅準備満了まで入所可能と伝える安心感を与える（川原田，2014）
・終身利用施設ではないことを伝える（丸谷ら，2015）

本人のニーズを汲む
・入所者一般にみられる在宅復帰への希求を代弁する（川原田，2014）
・インテークにおいて、今後の生活や人生のなかでの、老健の利用目的について、家族や本人の意向をケアプランに反映させることで、在宅復帰につながっている（宮内，2016）

退所に向けた暫定的な方向性とプランの提案
・病気の利用者を抱え混乱している家族に対し、在宅復帰のみを強く押し出すのではなく、在宅復帰を促すハードルは設けながら、地域特性などを考慮しながらターミナルケアや、長期入所の受入れも柔軟に提案する（松本，2014）
・短期間なら在宅で過ごせるのではないかという支援を積極的に展開し、一定の在宅復帰率を維持し、家族からも在宅で過ごせる時間がもてたと喜ばれている（仲山，2012）
・職員の手間でなく、利用者本位の入所期間を設定する（久保・村岡，2016）
・在宅復帰扱いとなる退所先をワンクッションはさみ特養待機入所を受け入れる（稲葉，2014）

入所中の課題の明確化と解決方法の検討
・インテークにおいて相談者が寄せるまとまりのない愚痴のような語りから、背景に留意しつつ情報を査定し、何に困っていてどうなりたいのかを見極め、在宅生活への問題や解決について整理する（川原田，2014）
・在宅環境の確認後に、多職種協働チームに入り、在宅復帰に障壁になるものの除去と、在宅環境に本人の身体が適応できるような生活リハビリを検討する（足立ら，2012）

図 5-2　施設と家族間の退所への相互理解による入所合意を図る

プランに組み込まれている。本人が不在のなかで家族から話される本人のニーズは、家族の現状認識の範囲の本人像に多分に依拠し、本人自身が感じるニーズを十分に表現できるとは限らない。したがって支援相談員は家族の訴えを聴き取るだけではなく、川原田（2014）のように、その場にはいない〈本人のニーズを汲み〉、家族と共有するという積極的な働きかけが必要な場合がある。

（1）-c　自施設の機能と限界の提示

　このカテゴリーは、自施設（老健）の入所期間や退所に向けた取り組みなどの機能とその限界を本人・家族に提示することである。〈限界を提示〉すること自体は支援とはいえないが、現実的な計画のための“検討の枠組み”を構成するにあたり重要な取り組みといえる。

　町田ら（2015）では、事前に施設の在宅復帰支援の志向性を説明することで、入所後の取り組みに対して家族との齟齬が生じないよう図りつつ、家族側が一方的に退所させられてしまうと誤解されないよう配慮されている。同様に、全国老人保健施設協会（2017①）では、サービスの限界について背景となる法律の説明などを行い、あらかじめ本人・家族の“検討の枠組み”のなかに入れてもらうという実践がみられる。その説明は施設の方針や支援相談員のアセスメントにより内容は多様で、入所期間の目安を3か月と説明する（仲山, 2012）場合や、在宅準備満了まで入所可能と伝え安心感を与える（川原田, 2014）、終身型の施設ではないことを説明（丸谷ら, 2015）、などという例が確認される。

（1）-d　社会資源の活用により展望を開く
～介護負担のコントロールされた在宅復帰のイメージ～

　このカテゴリーは、本人・家族が知らなかった社会資源の存在や活用方法を提案することにより、それまで利用者家族には見えなかった展望を開くことである。諸制度や自施設を含めた社会資源の存在や活用方法は専門的に携わっているものでなければ知り得ない情報も多く、ソーシャルワークの紹介機能として重要である。特にここでは、介護負担のコントロールされた在宅復帰イメージの付与が意図される実践が確認される。例えば、近藤（2015）は、早期的に社会資源を説明することにより在宅生活のイメージを引き出せたと考察している。また、全国老人保健施設協会（2017②）では、自施設のリピート利用（入退所を繰り返すこ

と）とショートステイを活用することにより、1か月の在宅生活日数等の介護負担を家族状況に合わせてコントロールしていくことを「賢い利用方法」として伝えている。

（1）-e　退所に向けた暫定的な方向性とプランの提案

このカテゴリーは、いつどのように退所するかについての計画を利用者・家族に向けて提案していくことである。退所先や時期などの組み合わせは多岐にわたり、そのなかで利用者・家族との合意を得る提案を行うプランニングは、専門性の高い支援と考えられる。

松本（2014）では、長期入所を許容しつつ、家族の重圧にならないように在宅復帰の道も意識させるという、複数の退所先の検討を同時並行させるプランが確認される。また、仲山（2012）のように、家族が可能なサイズの負担に在宅生活日数を合わせた在宅復帰のプランを提示し、在宅復帰の達成という施設の運営面と本人・家族のメリットの両立を図る計画を提示するという支援が確認される。ほかに、・職員の手間でなく、利用者本位の入所期間を設定する（久保・村岡, 2016）や、・在宅復帰率に寄与するワンクッションの退所先を設定し、特養待機目的の入所を受け入れる（稲葉, 2014）といった例が確認される。

（1）-f　入所中の課題の明確化と解決方法の検討

このカテゴリーは、検討される退所先に応じた入所中の課題を明確にし、解決の方法を検討していくことである。川原田（2014）では、相談者は何に困っているかについて明確な言語化ができないなか、支援相談員のかかわりにより課題が構成されることが示されているように、老健入所後に支援者や家族で何をするべきかを明確化していくというソーシャルワークの相談機能が展開される。また、足立ら（2012）では、多職種連携のなかで、家族やその環境についての専門的情報をもつ支援相談員がリハビリ計画の策定にかかわる実践が示されている。

2　退所意向を形成する支援

このカテゴリーは、入所前面接により暫定的な方向性が導出され入所した本人・家族に対し、本人の回復の経過やそれに対する家族の受け止め方などを見ながら、いつどこへどのように退所をしていくのかという

管理的なかかわり	日常的なこまめなかかわり	自然の流れに任すかかわり
・在宅復帰までの流れとスケジュールが記載されたクリニカルパスを本人・家族・ケアマネジャーに渡す（太田ら、2016） ・要介護者が施設に入所しているうちに、家族や家にとって、本人の帰るべき場所が在宅という意識が徐々に薄らぎ、入所していることが当たり前にならないように、毎月本人・家族・在宅支援者同席のサービス担当者会議を開いている（塩原、2014） ・退所先の意思決定支援の場として多職種、家族合同のカンファレンスを開催し、利用者家族のニーズに基づき、自宅以外も含めた退所先を検討する（三浦ら、2016）	・家族と、カンファレンスや面会時に状況を説明する等こまめにかかわりをもつ（多田ら、2015） ・家族と随時的に話をし、施設内での計画の進捗や状態変化について報告し、家族の要望等の経時的変化などを確認していく（丸谷ら、2015） ・利用者の状態変化を細かく具体的に家族に伝えると、家族は安心し、それを何度か繰り返すうちに、家族は退所後自宅での受け入れ態勢のイメージができ、物理的・精神的準備ができてくる（全老健、2015②）	・介護者の「一時的な都合」で入所した場合、特段何らかのアプローチを要さず退所に至った（加藤、2015） ・利用者・家族とも退所イメージが明確な場合は一般的手順のみで入所から退所までスムーズに調整できる（白田、2012） ・在宅復帰に力をいれる施設であっても、在宅に帰れる状況にない場合もあり、介護困難な家族の決断を尊重し無理な退所指導は行わない（大坪、2012）

図 5-3　退所意向を形成する支援

退所意向を形成していく支援である（**図 5-3**）。

　以下の項に示されるように、支援相談員がかかわらなくとも自然と退所に至るという判断やあるいは積極的な介入を要するという判断に応じて、そのかかわり方が検討され、自然な状態を基本としつつ必要な分だけ支援するというかかわりが確認される。

（2）-a　管理的なかかわり

　このカテゴリーは、老健側と本人・家族が合意した目標となる退所先や入所期間の達成を図るため、退所までの日程の管理や課題の整理、およびそのモニタリングなどをあらかじめ規定された方法や手順によって管理していくかかわりである。このかかわりは施設の経営的な意義を引き出しやすく、ソーシャルワーク上の意義と混同をきたしやすいが、ケースによっては達成目標まで効率的に進行させることができることや、本人・家族と支援者が進捗状況や目標を共有できるという本人・家族への貢献的な意義をも有すると考えられる。

　太田ら（2016）は、在宅復帰までの支援計画が標準化されたクリニカルパスを策定し、退所までの行程を各職種や家族が同時並行的に進行させていくことによって、在宅復帰を効率的に遂行していくことを図っている。塩原（2014）では、常に〈自然な流れに任せ〉ていれば、本人が

帰るべき場所がなくなってしまいがちであることから、在宅支援チームを存続させるべく、定期的にチームで集まり、経過を共有する管理的な働きかけを行っている。また、家族合同のカンファレンスを開き、自宅か長期療養施設かの意思決定を図る実践（三浦ら，2016）もある。

（2）-b　日常的なこまめなかかわり

このカテゴリーは、日常的な利用者・家族とのかかわりのなかで本人・家族の状況変化が起きる度に、退所支援に関連する本人・家族の情報の収集や発信をしていくことである。

入所中には利用者の身体変化をはじめとして、本人・家族状況には変化が生じることがある。それに伴って変動する【暫定的な方向性とプラン】の継続可能性や、あるいは不可能と思われていた退所の方向性への展開などに応じて、支援相談員が心理的な支援や方針の検討および情報提供を行う支援となる。丸谷ら（2015）では、変化を伝えつつ、計画の進捗や意向の変化などを確認しており、多田ら（2015）も同様に、日常的に状況を説明するなど、「こまめに」かかわりをもつ工夫をしている。全国老人保健施設協会（2015②）ではこうした取り組みの先に家族に退所後の受け入れイメージが醸成されることが述べられている。

（2）-c　自然な流れに任すかかわり

このカテゴリーは支援相談員が退所先や退所時期の意向決定に対して特段の介入をせず、本人・家族の判断に基づく自然な流れに任すかかわりである。

加藤（2015）に示されるように、入所の目的によっては積極的なソーシャルワーク支援を要さないこともある。そのような例はほかに、本人・家族が退所までのイメージが明確な場合（白田，2012）が確認される。また、大坪（2012）のように、本人・家族の意向や状況によっては退所を求めないという判断もある。

3　在宅復帰を志向した本人・家族と環境の交互作用を促進する支援

このカテゴリーは、【退所意向を形成する支援】のうち、特に在宅復帰方向の検討が可能な本人・家族に対して、その可能性の拡大を図り、

在宅復帰に向けた意思決定を支援することである（**図5-4**）。

（3）-a　本人のリハビリ意欲を高める

　このカテゴリーは、本人の在宅復帰したいという希望やそれに対するリハビリを行う意欲を高める支援であり、在宅復帰を希求する利用者がリハビリに目標をもち、課題に積極的に向き合うということをエンパワメントする意義がある。

　高木（2015）で述べられているように、在宅生活困難にて施設に入ってきた利用者は、在宅復帰の可能性（ゴール）があることで毎日のリハビリへの意欲が高まることが考えられる。そして、在宅訪問指導内容を

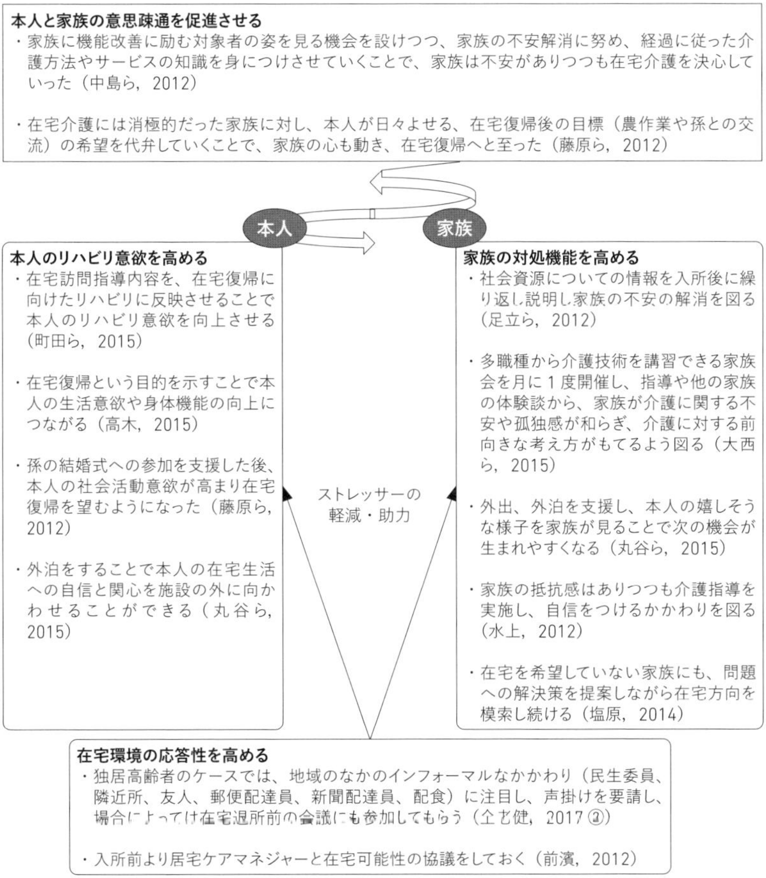

本人と家族の意思疎通を促進させる
・家族に機能改善に励む対象者の姿を見る機会を設けつつ、家族の不安解消に努め、経過に従った介護方法やサービスの知識を身につけさせていくことで、家族は不安がありつつも在宅介護を決心していった（中島ら，2012）

・在宅介護には消極的だった家族に対し、本人が日々よせる、在宅復帰後の目標（農作業や孫との交流）の希望を代弁していくことで、家族の心も動き、在宅復帰へと至った（藤原ら，2012）

本人 **家族**

本人のリハビリ意欲を高める
・在宅訪問指導内容を、在宅復帰に向けたリハビリに反映させることで本人のリハビリ意欲を向上させる（町田ら，2015）

・在宅復帰という目的を示すことで本人の生活意欲や身体機能の向上につながる（高木，2015）

・孫の結婚式への参加を支援した後、本人の社会活動意欲が高まり在宅復帰を望むようになった（藤原ら，2012）

・外泊をすることで本人の在宅生活への自信と関心を施設の外に向かわせることができる（丸谷ら，2015）

ストレッサーの軽減・助力

家族の対処機能を高める
・社会資源についての情報を入所後に繰り返し説明し家族の不安の解消を図る（足立ら，2012）

・多職種から介護技術を講習できる家族会を月に1度開催し、指導や他の家族の体験談から、家族が介護に関する不安や孤独感が和らぎ、介護に対する前向きな考え方がもてるよう図る（大西ら，2015）

・外出、外泊を支援し、本人の嬉しそうな様子を家族が見ることで次の機会が生まれやすくなる（丸谷ら，2015）

・家族の抵抗感はありつつも介護指導を実施し、自信をつけるかかわりを図る（水上，2012）

・在宅を希望していない家族にも、問題への解決策を提案しながら在宅方向を模索し続ける（塩原，2014）

在宅環境の応答性を高める
・独居高齢者のケースでは、地域のなかのインフォーマルなかかわり（民生委員、隣近所、友人、郵便配達員、新聞配達員、配食）に注目し、声掛けを要請し、場合によっては在宅退所前の会議にも参加してもらう（仝之健，2017②）

・入所前より居宅ケアマネジャーと在宅可能性の協議をしておく（前濱，2012）

図5-4　在宅復帰を志向した本人・家族と環境の交互作用を促進する支援

在宅復帰に向けたリハビリに反映させることで本人のリハビリ意欲を向上させる（町田ら，2015）、というように、早期に在宅復帰可能性を提示していく実践がある。

また藤原ら（2012）の実践に示されるように、施設を出て社会活動への参加などにおける成功経験がさらに上の目標に進むためのショートステップになることがある。同様に、こうした効果を意図したものには、外泊の支援により本人の在宅生活への自信と関心を施設の外に向かわせる（丸谷ら，2015）、という支援がある。

（3）-b　家族の対処機能を高める

このカテゴリーは、介護に対する家族の理解や技術、社会資源活用などの対処方法を教えることや、動機づけを図り、家族の対処機能を高めることである。支援相談員は資源を動員する機能によって、多職種による介護指導や家族会を編成したり、社会資源の活用方法を教示したりすることにより支援している。対処機能が高まった家族においては、その前と後では見える困難の景色が異なり、交互作用として新たな展開が生じることも想定される。

足立ら（2012）では、入所後も継続的に活用可能な社会資源の情報の説明がなされ、経時的に生じる家族の不安や疑問などに対応している。また、大西ら（2015）にみられるような家族の介護に対する認知の変化によって、積極的な対処を発動させる例もあり、動機づけの支援になる場合もある。このような例はほかに、外出や外泊機会に本人の喜ぶ顔を家族が見ることで次の機会につながる（丸谷ら，2015）というものが確認される。介護技術を習得することや試行的に介護を行うことは、〈家族の現状認識〉によっては、家族が消極的になる場合もあると考えられる。それゆえ、家族の抵抗感はありつつも介護指導を実施し、自信をつけるかかわり（水上，2012）といった支援や、在宅を希望しない家族にも問題への解決策を提案しながら在宅方向を模索し続ける（塩原，2014）といった支援を要することもある。

（3）-c　在宅環境の応答性を高める

このカテゴリーは、在宅復帰にあたって本人・家族にとって過ごしやすい環境を整え、本人・家族と環境との相互作用において、環境側の"ストレッサーの軽減"や"助力"が生まれるサポーティブな応答性を

高めることである。

全国老人保健施設協会（2017②）では、独居高齢者が地域生活するなかでのニーズを周囲に適切に伝えることにより、そのかかわりがインフォーマルサポートとなりうることを述べている。こうした支援がなければ周囲の人々が利用者のニーズを十分に把握できず、環境の応答性は不十分になると考えられ、一堂に会しニーズを適切に伝えることで環境の応答性を高めているといえる。また、環境の応答性を低めないための支援として、前項の塩原（2014）のように支援チームを維持するための〈管理的なかかわり〉のなかでも確認されるほか、入所前より居宅ケアマネジャーと在宅可能性の協議をしておく（前濱，2012）という支援もある。

（3）-d　本人と家族の意思疎通を促進させる

このカテゴリーは、在宅復帰をめぐる本人と家族の意向が乖離しないように双方の間の意思疎通を働きかけていくことである。要介護状態における在宅復帰とは、家族にとっては介護を受け入れることであり、利用者にとっては介護を依頼するという過程を経る。家族間においては契約的な話し合いや反対に以心伝心が難しい場合もあり、意向に乖離が生じることもある。こうしたすれ違いによって在宅復帰が困難とならないよう本人・家族間の交互作用を促す取り組みである。

中島ら（2012）では、〈本人と家族の意思疎通を促進〉させつつ〈家族の対処機能を上げる〉ことを並行して実施していくなかで、家族に在宅介護の意向が形成されてきたことが述べられており、【交互作用を促進させる】支援といえる。施設の環境から在宅の環境に一時的に移行したなかで本人と家族間の会話は、必然的に本人の動作面の評価や在宅可能性についての話題になると考えられ、ポジティブな評価は本人のリハビリ意欲をさらに高め、本人の努力の成果は家族の貢献意欲を高め得ると考えられる。また、藤原ら（2012）では、相談員が介在し、本人の意向を家族に代弁することで、間接的に意思を疎通させている。

４　施設での長期療養生活を支援する

このカテゴリーは、入所前の居所への復帰は難しいと意思決定された

ケースに対し、施設での長期療養生活を支援していくことである（図5-5）。療養先の施設には、主に特別養護老人ホーム（以下、特養）をはじめとした他施設への移転や自施設での長期療養という選択肢がある。

（4）-a　自施設での長期入所を支援

このカテゴリーは、現在利用者が生活する自施設（老健）で退所時期を設定せずに入所を継続することへの支援である。適切な退所先を設定することが困難な際には退所支援を止め、自施設での療養継続を提示する判断も退所支援のソーシャルワークとして欠かせないと考えられる。

大渕（2012）では、退所させられない結果として入所継続があるのではなく、退所をしなくてもよいという積極的な支援が必要だとされる。同様に期限つきの入所は法令の精神に抵触するという見解（加藤，2014）や、老健の役割として長期入所を推奨することも必要（加藤，2014）というように退所支援のなかに、「退所しなくてもよい支援」が組み込まれている。

（4）-b　特別養護老人ホームへの入所支援

このカテゴリーは老健から移転する長期療養施設として筆頭に挙げられる特養への入所を支援することである。

宮田（2015）は、在宅復帰が困難と判断された利用者が特養入居までを自施設で過ごせるように、老健のハブ機能を果たしていることを述べている。また、特養までのつなぎ方には、入所後に条件のよい特養への

特別養護老人ホームへの入所支援	民間介護施設への入所支援	自施設での長期入所を支援
・在宅生活のリスクを考え、特養入居まで老健でつなぐこととした（宮田，2015） ・入所後に条件のよい特養への変更希望を受け入れる ・経済的に豊かな人の長期療養ではプライバシーの確保か職員の目の届きやすさかを勘案して、有料老人ホームか特養のユニットケアを薦めている	・紹介センターへ委託 ・標準的な介護施設のサービス以上のサービスを自費負担で求める経済的に豊かな利用者家族に対応する介護施設を紹介する ・身体状況の伝達や事務手続きを中心に支援する ・特養入居が難しい状況の人に紹介 ・在宅復帰が難しい場合、居宅として住宅型有料老人ホーム等を調整することがある（伊地知ら，2015）	・退所できない人は退所の不安なく生活してもらうようにすることも必要（大渕，2012） ・期限つきの入所は法令の精神に抵触する。老健の役割として長期入所を推奨することもある（加藤，2014）

図 5-5　施設での長期療養生活を支援する

変更希望を受け入れる（**表5-1**のB）、という支援が確認されるほか、また、特養の選定の作業に携わる支援として、同じく個室の環境が確保される有料老人ホームと特養ユニットケアの選択にあたり、利用者の心身状況や性向からの適切性を検討する例（**表5-1**のC-2）がある。

（4）-c　民間介護施設への入所支援

このカテゴリーは、長期的な療養先として、介護付き有料老人ホームやサービス付き高齢者向け住宅など、「民間介護施設」と俗称される施設への入所を支援するものである。特養の入居要件を満たさないと考えられる場合や、本人のニーズが特養に適合しない場合などにおいて活用され、本人・家族にとって適切な施設の選定作業はソーシャルワーク支援の一つと考えられる。

「民間介護施設」では（**表5-1**のA-1）のように富裕層に向けた自費サービスがある施設を本人・家族の要望にそって紹介する場合や、紹介センターに委託（**表5-1**のA-2）や、身体状況の伝達や事務手続きを中心に支援する（**表5-1**のC-1）というつなぎ方もある。また、伊地知ら（2015）のように、軽度者の居住場所として活用される住宅型有料ホームを従前の居所の補完として活用する例や、特養入居が困難な心身社会的状況の場合に民間介護施設を活用する（**表5-1**のA-3）という例がある。

5　その家らしい在宅生活へのマネジメント

その家（うち）らしさとは、本人・家族によって構成される「家（うち）」の個性という意味であるが、本人や介護者、家族のいずれかでなく、ユニットとしての家族、家屋環境、経済環境を視野にいれた「その家らしい」在宅生活のあり方にかかわることである（**図5-6**）。入所中の時点では、介護に臨む〈その家〉のことを最も把握しているのは支援相談員であり、ケアマネジャーと協働し在宅支援サービスの選定にかかわる支援等が確認される。

（5）-a　介護負担のコントロール

このカテゴリーは、在宅生活における利用者の生活負担や、介護者の介護負担の限界を超えないよう、その負担のコントロールを図ることで

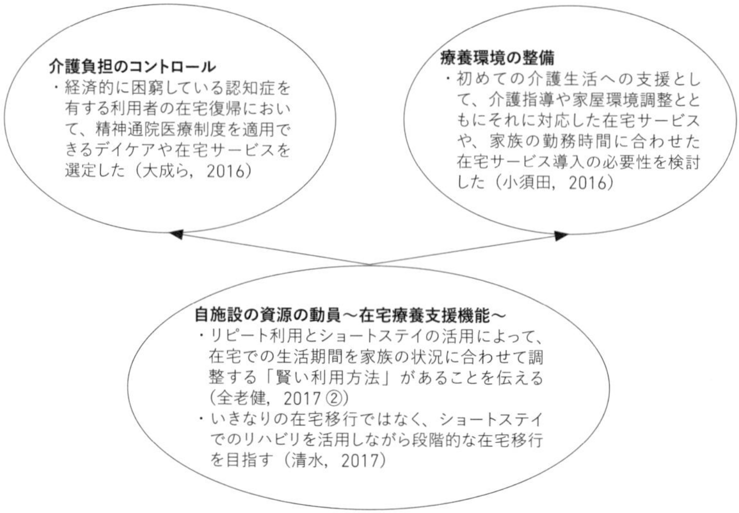

介護負担のコントロール
・経済的に困窮している認知症を有する利用者の在宅復帰において、精神通院医療制度を適用できるデイケアや在宅サービスを選定した（大成ら，2016）

療養環境の整備
・初めての介護生活への支援として、介護指導や家屋環境調整とともにそれに対応した在宅サービスや、家族の勤務時間に合わせた在宅サービス導入の必要性を検討した（小須田，2016）

自施設の資源の動員～在宅療養支援機能～
・リピート利用とショートステイの活用によって、在宅での生活期間を家族の状況に合わせて調整する「賢い利用方法」があることを伝える（全老健，2017②）
・いきなりの在宅移行ではなく、ショートステイでのリハビリを活用しながら段階的な在宅移行を目指す（清水，2017）

図 5-6　その家らしい在宅生活へのマネジメント

ある。後述のとおり、〈自施設の資源の動員〉によるリピート利用やショートステイを活用し、本人・家族の可能な範囲の在宅生活日数を設定する支援がある。また、特徴的な例では、利用者の経済負担に合わせ、障害福祉サービスの導入を図った支援（大成ら，2016）がある。介護保険サービスに限定せず広範な社会福祉制度を把握し、「その家」への適用性を検討できるソーシャルワーカーとしての支援といえる。

（5）-b　療養環境の整備

このカテゴリーは、本人・家族の身体状況や在宅生活における希望や就労状況に沿った療養環境を整備していくことである。

〈在宅環境の応答性を高める〉支援のなかで指摘された家屋環境の改善点は、ここで実際的に改修等が図られる。また、小須田（2016）では、家族の就労状況を把握し、介護者が就労を継続しながら利用者の在宅復帰を果たすための在宅サービスの導入を検討している。

（5）-c　自施設の資源の動員～在宅療養支援機能～

このカテゴリーは、退所後の【その家らしい在宅生活へのマネジメント】のために自施設のデイケアやショートステイ等の在宅サービス在宅療養支援機能を動員して本人・家族の在宅生活を成立させていくことやサポートしていくことである。

全国老人保健施設協会（2017②）のように、老健の入所サービスのリピート利用やショートステイを活用し、在宅での生活期間を家族の状況に合わせて調整する支援や、リピート利用を繰り返すなかで、〈長期入所を支援する〉ソーシャルワークが適切に機能することが本人・家族に伝わっていれば介護者の〈介護負担のコントロール〉に寄与することが考えられる。また、退所後のリハビリ継続等に自施設の資源を動員し〈療養環境の整備〉にあたる支援（清水，2017）も確認される。

4 ┃ 小括

本研究により、老健の退所支援のソーシャルワークが構造的に示された。

【施設と家族間の退所への相互理解による入所合意を図る】では、支援相談員は退所に向けて適切な場所・時期に退所ができるよう〈プランの提案〉を図るが、本人の意向がないがしろにされないように、時には積極的に〈本人のニーズを汲み〉、代弁するソーシャルワーク機能を果たす。また、ソーシャルワーク機能として代表的な〈社会資源の活用〉では、通り一遍の説明をするだけでなく、本人・家族がこれまで考えることのなかった新たな〈展望を開く〉ダイナミックな展開が意図されることもある。そして、本人・家族と支援相談員の間に【成立した入所の合意】および〈暫定的な計画〉をもとに、入所中には様々な退所に向けた支援が提供される。こうした支援は社会福祉に関する知識や面接方法等のソーシャルワーク技術を身に付けた職種以外での代替は困難と考えられる。

次に【退所意向を形成する支援】においては、本人・家族の意向の変化を自然なものとして認める前提がある。この背景には、老健の平均在所日数が190日程度と、状況によっては"長期入所の判断"もできることがある。平均在院日数が19日（荒牧，2019）とされる一般病院をはじめ厳格な退院期限が設けられる医療機関の場と対照させれば、老健に特徴的であり、利用者・家族に寄り添ううえで重要な要因といえる。

【退所意向を形成する支援】のうち、【在宅復帰を志向した】アプロー

チが構成された。意向の乖離が生じやすい、利害関係が異なる共同体（家族）内のメンバーに対し、個人要素の変化を促し、環境面の障壁を軽減しながら、メンバー内の交互作用の促進が図られている。その際、単純に外出させたり、介護指導を計画したりしても、支援は空回りすることが予測される。本人・家族の過去、現在の変遷から今後の変化を見通し、取り組みの時機の見極めや効果的な機序の検討が必要であり、個別性の高い支援の展開が求められると考えられる。

　老健は在宅復帰支援が中心的な役割であると法制化されたが、すべての入所者が在宅復帰することが難しいという前提なら、在宅復帰困難な本人・家族に対し、【施設での長期入所】を積極的に支援することも在宅復帰施設としての責務といえるだろう。冒頭で述べたとおり、長期療養の許容は施設の運営的なデメリットを招きかねないが、必要性によっては積極的に長期療養を支援する、という支援も確認される。その意味では、個々の老健の特色は、支援相談員のソーシャルワーク感覚を色濃く反映すると考えられる。本研究のデータ収集では施設での長期療養支援に係る記述は多いとはいえず、老健ソーシャルワークにおける課題といえるだろう。

　【その家らしい在宅生活へのマネジメント】においては、〈自施設の資源の動員〉により介護負担のコントロールが図られることは、老健に特徴的な支援と考えられる。特に再入所の保証は介護に特有の、介護による疲弊と要介護者の長寿を希求する気持ちの間のジレンマを軽減し、本人・家族の健やかな生活に貢献すると考えられる。また、研究法として、全国の支援相談員の実践の報告を集約させて構造化を図る方法は、本研究のみならず多様な現場で援用可能と思われる。

第 6 章

エビデンスを活用する
退所支援

1 本章の目的

　本章では第2章におけるエビデンスの活用のあり方に基づいて、退所支援におけるエビデンスが活用された実践について論じる。それにあたり、第4章および第5章において「利用者・家族に対する退所支援ソーシャルワークの課題」および「退所支援におけるソーシャルワーク」を構造化している。本章では、両者を課題と支援として関連させながら、臨床上の疑問（Clinical Question（以下、CQ））を導出し、対応するエビデンスの活用を論じる。

2 方法と視点

　実践の局面を想定したエビデンスの活用を検討するにあたっては、第2章における議論を踏まえて以下のように行う。

1 Step1：Clinical Question の導出

　第4章において構造化された退所支援における課題と、第5章において構造化された退所支援におけるソーシャルワーク支援を対応させつつ、さらにエビデンスの活用が求められる点を CQ として導出した。

2 Step2：エビデンスの検索

　ソーシャルワークに活用されるエビデンスの検索においては、二次情報としてのエビデンスのデータベースや、学術誌に掲載された論文に限らず、政府調査資料や各シンクタンクによる報告書など多様な情報源を活用する。
　また、CQ からの検索語を、Google Scholar や CiNii といった臨床で実践するソーシャルワーカーが日ごろの実践のなかで平易に利用可能な検索エンジンで検索した。また、一般の検索エンジンを用いて、政府

調査資料やシンクタンクによる報告書を検索した。そして、参照した論文の引用文献をもとに、国立国会図書館の論文複写サービスや市立図書館を窓口に都立図書館の蔵書の取り寄せを行うなど、研究機関に身をおかない実践者においても実施可能な文献収集を行っている。

　日本国内の介護老人保健施設（以下、老健）のソーシャルワーク支援に活用する目的から、検索の対象は主として、国内の知見としている。

３　Step3：エビデンスの吟味

　エビデンスとして活用する論文は、RCT など効果性を検証する疫学的研究に限定せず、ソーシャルワーク実践の諸局面に実用的と判断された実証的研究や実践報告を対象とし、量的研究および質的研究（事例報告を含む）を抽出し、CQ にとって最も有用な論文を質の高いエビデンスとして扱っている。

４　Step4：実践への適用性の検討

　エビデンスを実践に適用する際には、研究の限界を踏まえながら活用を検討する必要がある。したがって、統計量を直接的に実践に当て込むということはせず、統計量の不確実性を踏まえた記述を行う。また、エビデンスから支援者と対象者に共通する「正しさ」が得られるとは限らないという立場から、支援者―対象者間の判断の主体性を踏まえた記述とする。

3 ｜ エビデンスが活用された退所支援

　本項における論述は、第４章「退所支援における利用者・家族に対するソーシャルワーク支援の課題」における３カテゴリーすなわち、【退所先の方向性の決定】、【三要因間の不調和の結果】、【退所先へのマネジメント】および七つの下位カテゴリーに対応した支援方法およびエビデンスが活用された実践を検討するように構成する。

【退所先の方向性の決定】へのエビデンスの活用

（1）-a 〈変化する心身状況の評価〉へのエビデンスの活用

CQ1：どのような心身状態に至ることが在宅復帰を見込みやすいのか

　リハビリを目的に老健に入所するということは、多くの場合その時点では在宅生活が難しい程度に ADL が低いということである。したがって、回復の見込みのなかで、退所先やその準備については常に〈暫定性〉が求められ、ある一定の判断が下るまでの間、支援相談員は〈日常的なこまめなかかわり〉のなかで、その経時的変化を家族に伝えつつ、退所意向を形成する支援が展開される。すると、心身状態の評価として、「どのような心身状態に至ることが在宅復帰を見込みやすいのか」という CQ が導かれる。

　この CQ について、排泄能力の自立性が在宅復帰の可能性の最も大きな要因の一つであることは実践者の多くが感じるところかと思われる。実証研究においても古くから在宅復帰困難を予測する因子とみられており、例えば植松ら（2002）による集計では、リハビリ専門病院からの在宅復帰について、家族構成人数が 2 人以下でトイレへの移乗動作が介助の場合には、在宅復帰率は 21.6％であったと報告されている。

　排泄の自立性と在宅復帰可能性の関連性は、今日の老健でも同様である。ある強化型老健において退所した利用者 52 か月分 504 人のデータを決定木分析した古川ら（2017）では、排泄動作の自立性が在宅復帰への分岐点とされ、日中・夜間の排泄方法や失禁の有無に関して自立性が高まると、それに伴い在宅復帰群は 50％〜70％超まで高まるのに対し、例えば、夜間排泄がベッド上で、かつ日中の失禁もある状況では、非復帰群（68.7％）は復帰群（31.3％）を大きく上回っていた。

　介護者の立場からは、排泄介助はその都度性や頻度の問題などから、現行の訪問系の介護サービスで担いきることが難しく、専ら介護者の負担に依拠することとなり、基本的には常時利用者の近くにいる必要が生じる。そして、それが身体的、精神的に困難な利用者―介護者関係もある。したがって、排泄介助の自立性が低ければ、在宅介護が難しくなる予測性が高まるということである。

　また古川ら（2017）は、食事摂取内容・量も在宅復帰への影響要因と

して大きいことを示しており、常食（1400kcal以上）を普通形態で食べている場合の在宅復帰率は69.3％であった。これは、必要カロリーの摂取が難しかったり、普通形態で食べることができず、刻み食やペースト食などで摂取したりしている場合、食事全量分の消化や普通食の咀嚼や嚥下が困難な程度にフレイルが進行しており、他の生活基本動作も低下していることから、在宅復帰が困難な転機に至ると考えられる。これらの要因は支援相談員には容易に統制できないことを踏まえれば、このような状況においては、長期療養のなかで在宅復帰のチャンスを探していく（加藤，2014）といった実践報告があるように、在宅復帰ができない可能性は高いと考えつつ、こうしたなかにあっても在宅復帰を諦めない、あるいは、受け入れられる利用者・家族の思いを拾い上げられるように注意を払う面接の構成や、ケースマネジメントの展開を検討すべきである。熟達した実践者にとっての古川ら（2017）の意義の一つは、低いADLやフレイルの状態にあっても在宅復帰するものが2〜3割程度も潜在することが明示されていることである。

　在宅復帰については、要介護状態である以上本人の心身状況が絶対的な規定要因ではなく、介護者となる家族の状況や価値観によっても異なり、その点を次項以降に論じる。

（1）-b　〈生活・介護負担の脅威の感覚〉へのエビデンスの活用

　支援相談員は、〈日常的なこまめなかかわり〉のなかで、利用者・家族が〈変化する心身状況をどのように評価〉し、〈生活・介護負担の脅威〉をどのように感じているかをモニタリングしていく。要介護者の心身状況が同程度だったとしても、在宅生活が「可能」と結論づけるケースがある一方で、「不可能」と結論づけるケースもあり、一概にADLやIADLの要因で規定はされないと考えられるが、その判断に影響する要因は何か。

CQ2：要介護者と介護者の続柄は介護負担に関係するか

　広瀬ら（2005）は、介護者の介護に対する認識や意味づけを、肯定的あるいは否定的のいずれか一様に存在するものではなく、両者がアンビバレントに併存する構造を因子分析によって示している。こうしたなかで、老健の退所支援において在宅復帰を判断する場面について、結局の

ところ、在宅介護をする／しないの択一的判断に至る。したがって、支援相談員の経時的なかかわりのなかでは、介護者が介護に対する肯定的・否定的意味づけのどちらのウエイトが大きくなってくるか、介護者の語りから推し量りながら、意思決定のタイミングを待つことになる。しかし、通常介護者からは「介護は大変そうだ」「介護はやりがいがありそうだ」などという単純な言説では語られることはなく、散文的な語りのなかから肯定的・否定的と判別する枠組みが求められるが、上述の広瀬ら（2005）はその枠組みとして活用できる。広瀬ら（2005）では、否定的認識の下位項目として、「社会活動制約感」「介護継続不安感」、肯定的認識の下位項目として「自己成長感」「介護役割充足感」「高齢者への親近感」が因子分析によって抽出されている。

　そして、同評価枠組みを用いて、岩田ら（2016）では在宅介護を行う家族介護者（n＝1020）の認知的評価や対処などを要介護者の性別や介護者の続柄別の影響を分散分析している。その結果、4件法からなる否定的な認知的評価項目である「社会活動制約感」「介護継続不安感」では、要介護者の性別の影響は比較的少なく、F値が高かったのは、主介護者続柄における介護継続不安感（F＝6.7、P＜0.01）や、要介護者性別×主介護者続柄における社会活動制約感（F＝4.2、P＜0.01）であった。特に、12点からなる尺度得点において、妻を介護する夫の社会活動制限感（8.4±1.7）は、夫を介護する妻（7.9±2.0）や母を介護する娘（7.7±1.7）、義母を介護する嫁（7.7±1.9）より有意に社会活動制約感が高い。そして同様に、義父を介護する嫁の社会活動制約感（8.7±2.1）は義母を介護する嫁（7.7±1.9）より有意に高い（いずれも有意確率は明示なし）。また、肯定的な認知的評価項目の「介護役割充足感」「高齢者への親近感」「自己成長感」についても、主介護者続柄における介護役割充足感（F＝6.5、p＜0.01）や高齢者への親近感（F＝5.3、p＜0.01）が高く、要介護者性別×主介護者続柄における「自己成長感」（F＝2.7、p＜0.05）が高かった。特に個別の組み合わせのうちで有意差が認められたものは、夫を介護する妻の「自己成長感」（SD：8.7±1.7/12点満点）であり、妻を介護する夫（8.3±1.5）より有意に高い（有意確率明示なし）。本調査は、在宅介護をしている家族への調査であるが、老健において在宅介護の是非を検討している家族においても介護経験や伝聞的情報等により、家族が

介護のイメージをもっているケースも少なくはなく、援用的に適用できると考えられる。

　これらの知見の活用により、家族の「介護は大変そうだ」「介護してあげたい気がする」といった漠然とした意向についてその下位項目を言語化することで、課題解決に至る支援や言語的なエンパワメントの支援に活用することができる。また、肯定と否定の二律背反の思いが潜んでいる視点にたち、介護者の続柄によって表出しやすい負担感を把握しておくことで、的確かつ迅速に家族の心情や行動に寄り添う支援が構成できるだろう。

CQ3：介護者に対するアプローチによって介護負担の脅威は減じられるか
　また、利用者・家族における〈生活・介護負担の脅威の感覚〉は、ストレス理論によれば、身体状況や認知症状などへの認知的評価によって、脅威が生じることになると考えられるため、評価するもののとらえ方や環境により、脅威の程度は異なるということである。つまり、なんらかのアプローチによって介護者の介護負担の脅威を減じ、〈家族の対処機能を高める〉ことができれば、在宅復帰に向け円滑な展開を図ることができるだろう。すると、「介護者に対するアプローチによって介護負担の脅威を軽減させることはできるか」というCQが生じる。
　菅沼ら（2014）は、認知症で入院した患者の家族に対し、介護負担感の軽減を目的とした心理教育プログラムを実施した。そして、従来的な講義形式のセッションと比較し、それにSST（ソーシャル・スキルズ・トレーニング）を付加したプログラムのほうが、介護負担感や介護肯定感が有意に改善したと報告している。しかし、在宅復帰を目指す転機については、有意差がみられなかったとのことである。この報告からは、介護者に対する心理的アプローチが少なくとも測定時点においては家族に心理的にポジティブな影響を与える可能性が考えられるが、軽減された介護負担感や向上した介護肯定感がその後も持続することは難しい可能性や、ポジティブに変化した心理状況が患者家族の具体的な行動変容を起こし、転機に変化が生じるとはいえないということが解釈される。
　また、「利用可能な介護サービスの説明をすることで、介護負担の脅威を減じることができるだろうか」というCQも考えられる。探索する

限り、調査研究においてこれに該当する研究は見当たらないが、反対例では、吉田ら（2012）の一事例報告において、家族の心配に対応するサービス説明のタイミングが遅れたことにより、家族の在宅復帰に対する否定的意見が続き、在宅復帰困難を結論づけることに至った過程が報告されている（この報告は、実践に携わるものであれば多くが経験する苦い経験でもあり、報告者の専門職としての真摯な姿勢や日ごろの実践の質の高さが、失敗例を披歴する前提にあることは言っておかなくてはならない）。この報告からは、サービスの説明は時機が重要で、在宅介護に関する脅威性が高じた後に、サービスの説明をしたとしても、脅威性は減じない可能性があるということである。医療経済研究機構（2012）のアンケート調査では、老健入所中に特別養護老人ホーム（以下、特養）に申し込みをした家族への、「仮に自宅で十分な介護サービスを受けられるなら、自宅で生活するのがよいか、施設で生活するのがよいか」という設問に対し、82.9％が施設を選択している。つまり、在宅復帰断念に関して一度下した決定事項は、容易には翻らないことが推測される。これらの知見に基づけば、在宅復帰の可能性があるケースについては、早期に在宅療養支援の体制を伝え、かつ、在宅復帰のハードルをできるだけ下げた状況の復帰のイメージを伝えておく支援が必要と考えられる。

CQ4：利用者における〈生活・介護負担の脅威の感覚〉とは

　松岡ら（2004）では、質的分析により、利用者本人における生活負担について現在の施設の生活のなかに「集団生活の煩わしさ」という生活負担をカテゴライズしている。このような利用者の負担が生じ得ることも家族には知ってもらう必要があり、〈本人と家族の意思疎通を促進させる〉なかでの代弁的な支援が考えられる。また、疾患の状況等により、認知機能の低下をきたしているため、予測的な想起が困難な利用者も少なくはない。その結果、在宅復帰後の家族の介護負担や自身の生活負担を読み違えたままに、「家に帰りたい」と希求する展開も考えられ、場合によっては、利用者の入所生活への不適応を惹起させたり、利用者・家族間の意向の乖離から膠着状況に陥ることも考えられる。さらに松岡ら（2004）では、利用者自身が「家庭復帰するうえでの問題への気づき」の認識を経由して「施設生活への受け入れ」に至ると報告してい

る。これに対応した支援を行う際、入所前後になされる〈課題の明確化〉として、利用者本人や他職種とともに在宅環境を確認し、在宅生活をした際の現時点での生活負担を利用者が実感し、問題に気づいてもらうことが必要である。

❷ 〈療養の場の選択におけるニーズ〉へのエビデンスの活用

　退所支援における〈療養の場〉の検討では、在宅復帰か長期療養施設かの岐路の選択になると思われるが、一般に長期療養施設は在宅復帰が難しい前提のうえに選択されることとなり、「在宅と施設どちらがよいか」と並列的に検討されるとは限らない。したがって、本項では長期療養施設への移転の決定後に「どのような施設を選択するのが利用者・家族にとって望ましいか」という点の検討が求められる。

CQ5：選好される施設と入居後の満足感
　【施設での長期療養の支援】における長期療養施設の選定にあたって、利用者・家族の主訴としての〈療養の場の選択におけるニーズ〉とは何か。また、その主訴と入居後の満足感に結びつくのか。
　医療経済研究機構（2012）のアンケート調査によれば、家族が特養申し込みにあたって望むものとして、「いつも見守っていてくれる」（75.3％）、「自宅から近いので家族が面会に行きやすい」（60.8％）、「料金が安い」（65.6％）、「最後までいられる」（72.4％）のように、家族負担の抑制につながる項目が高く、「話し相手がいる」（50.1％）、「職員が親切で感じがよい」（40.8％）、「食事がおいしい」（20.8％）のようにもっぱら利用者本人の生活の快適さに該当する項目は相対的に低くなっている。これは同調査において、要介護者本人においても同様の傾向であるが、いずれも入居前の意向である。
　特養および軽費老人ホーム入居後の利用者の生活満足度を調査した神部ら（2002）においては、本人に対する（n＝121）個人面接により聞き取ったデータを重回帰分析している。総合的生活満足度を目的変数として、最も高い説明変数は、「施設職員の態度」であり（標準化係数.472、p＜0.001）、次いで、食事および入浴から構成される「サービス」（標準化

係数 .330、p＜0.001）と、前掲の項目とは異同がある。同調査項目は対象者の関心の網羅性について検討された形跡がみられない点が指摘されるものの、これらの結果からは利用者・家族によって選好される施設と入居後に利用者が満足感を覚える施設には、乖離が生じるリスクが考えられる。したがって支援相談員としては、本人が生活満足を感じる一般的項目として、これらを家族に説明する根拠とし、申し込みにあたっての家族の検討の枠組みのなかに入れてもらう支援が考えられる。そして、具体的な助言として、施設選定の見学の際に、見学対応者以外の施設職員に話しかけてみることや、食事内容（およびその決定プロセス）や食事提供体制（施設内調理 or セントラルキッチン等）の把握を勧めることなどが考えられるだろう。

CQ6：選好される民間介護施設と入居者の満足感

　長期療養施設への入居にあたって、重度の要介護者の場合、①従来型特養、②ユニット型特養、③有料老人ホームが主たる選択肢として挙げられる。これらの差異について、経済的な負担やハード的な側面は、契約前に重要事項として明示されており比較的把握しやすいが、選択する側の関心としては、サービスに対する本人の満足度は費用対効果が高いか、ということが考えられるだろう。また特に③の領域における不正行為や大手事業者の倒産の報道は、消費者の不安を喚起させると思われるが、そうした問題があるからこそ、それを押してまでも③を選択する意義があるのか、つまり「費用の高い介護施設を選ぶ利用者・家族の意向は何か」についてのエビデンスは必要である。

　全国有料老人ホーム協会（2014）の集計によれば、民間介護施設への住み替えを検討している者（n＝1171、要支援者割合：80.8％）に対して、ホームでの生活に期待することとして、「介護や老いの不安に応えてくれる」は84.4％と最も多く、「最も期待すること」としても同項目は最頻値（31.6％）である。また「費用を払ってでも充実してほしいもの」として、「終末期の看取りへの取り組み」は37.7％と、「病気などにより一時的に介護が必要になった際の対応」（44.3％）に次いで多い。つまり、要介護状態が高くなった場合や死を迎える時期においても、適切なケアが継続的に実施されてほしいと考えている。野口（2014）において

は、ある民間介護施設で施設の環境が「合っている」と答えているもの
が93.6％（44人／47人中）であった施設の、その理由は「最後の看取
りまで行ってくれるため、生活の場所を転々としなくていいから」と報
告されており、入居後の満足感への影響要因と考えられる。

　しかし、PwC コンサルティング合同会社（2018）の調査報告によれ
ば、介護付き有料老人ホーム、住宅型有料老人ホーム、サービス付き高
齢者向け住宅（n＝5510）での死亡による契約終了割合は、介護付き：
53.3％、住宅型：40.8％、サ高住：33.7％とされる。特養の死亡退所
割合67.5％（厚生労働省，2016②）と比較すれば、この結果はそれぞれ
の施設種別において、高額な費用を支出する入居者の期待に十分に応え
られているとはいえない。もとより、民間介護施設には自立から軽度者
向けに設計された施設カテゴリーもあり、施設選定時のミスマッチング
が生じている可能性が考えられる。老健から民間介護施設への入居を支
援する場合においては、ミスマッチが生じる構造について事前にクライ
エントに伝えることで、予防的な支援が可能となるだろう。

CQ7：近くの施設はなぜ選好されやすいのか

　長期療養先として、家族が居住する場所の近隣の施設を希望すること
は、実践者であれば感覚的に理解していることも多いと思われるが、な
ぜ選好されやすいのか。

　梁（2007）においては、有料老人ホームに入居する高齢者で子どもの
いる者（n＝172）に質問紙調査を実施し、施設入所者の主観的幸福感へ
の影響要因について因子分析を行いパス解析を行った。因子の一つであ
る「子供の接触頻度の高さ」は、入居者の家族に対する「ポジティブな
認識」に影響を及ぼし（パス係数.37、p＜0.01）、子どもとの間に情緒的、
手段的サポートを相互に提供しあっていると感じる要因（情緒的─手段
的、提供─授受）による四つのパス係数は、.23～.58の間をとり（いずれ
も p＜0.01）、比較的強い影響を及ぼしている。また、このうち情緒的サ
ポートの提供、授受の因子は、主観的幸福感に有意な影響を及ぼしてい
る（パス係数はいずれも.17、p＜0.05）。

　このことから、施設生活のなかにあっても、面会機会に利用者と家族
との間では、情緒的・手段的サポートの提供、授受がなされていると利

用者本人がとらえていることが読み取れる。特に利用者が家族に対して
サポートを提供していると認識しており、それが幸福感への影響要因の
一つになっている点は、利用者自身の生きる意味との関連性が考えら
れ、意義深い。この調査結果を実践に援用的に考えれば、有料老人ホー
ムに限らず、施設一般に係る選定において、家族の施設へのアクセス性
については重視されるべきと考えられる。換言すれば、家族の施設への
アクセスの重視の根拠の一つは、手段的・情緒的サポートの提供・授受
が行われるからということになる。

CQ8：特養のユニット型と従来型はどちらがよいか
　壬生（2011）では、従来型特養とユニット型特養における生活意識の
比較調査を特養9か所（n＝114）で行ったところ、楽しさ、生きがい
感、物事への集中から構成される「生活意欲」因子についての平均値
は、ユニット型（2.88／5点満点）に対し従来型特養（3.29／5点満点）の
ほうが高かった（p＜0.01）と報告されており、ユニット型のほうが有意
に高いという項目はなかった。本報告では、聴き取り調査の対象に重度
の認知症利用者が含まれており、妥当な評価を言語的に表現できるか
や、t検定について、両群の母集団の均質性についての帰無仮説の成立
や、正規分布に従う集団なのかなどの点を考慮しなければならず、従来
型のほうがよいと判断するのは早計ではある。しかし反対に、利用者本
人が言語的に表現する限りにおいては、療養環境に優れているとされる
ユニット型のほうがよいとは必ずしもいえないということである。した
がって、ユニット型を選ぶのは、その環境を選好し、経済的負担が可能
という利用者・家族の価値判断に従えばよい。また、それと無関係に、
従来型では生活におけるポジティブな意識がユニット型より低くなると
いうことはいえないということである。

3　【三要因間の不調和】に対するエビデンスの活用

（3）-a　〈本人と家族の希望する生活の葛藤〉におけるエビデンスの活用

　不調和による一つのパターンは〈本人と家族の希望する生活の葛藤〉

であり、この背景には、利用者・家族の〈生活・介護負担の脅威の感覚〉において示した、利用者と家族が双方の生活負担・介護負担の4ラインの見積もりを読み間違えることがあると考えられる。4ラインには、利用者・家族間でそれぞれが有する自由と責任が家族ゆえに曖昧となることや、法的義務はなくとも道義的義務が要請されることなどが入り混じるため、結局は立場に相違がある以上、葛藤が生じえることは不可避と考えられる。また、一度葛藤が起きてしまえば、それを解消させるエビデンスといったものは想定できず、葛藤の予防的支援に注力すべきである。その点で、支援相談員が初期段階から〈本人のニーズを汲む〉支援を展開するのは、利用者主体という理念を体現したいという支援相談員の志向性だけでなく、本人主体のニーズを踏み外した支援計画をつくっても、後日には本人の意向を無視することはできず結局は葛藤し、その結果〈膠着状況〉に陥るため、それを防ぐという現実的側面もあると考えられる。

　また前項で述べたように、入所後の〈課題の明確化〉により、本人に退所後の生活負担を実感してもらう取り組みや、代弁機能を用いて〈本人と家族の意思疎通を促進させる〉ことによって、経時的に変化する双方の意向を相互に認識してもらうアプローチが展開される。

（3）- b 〈成立見込みの低い長期療養計画〉におけるエビデンスの活用

CQ9：特養申し込みにおける成立見込みの低い長期療養計画に至る構造とは

　介護負担が高じることによって、将来の不安から、在宅生活の破綻を防ぐことを目的に予備的に「とりあえず」特養を申し込みするケースがあるといわれる（医療経済研究機構, 2012）。しかし、申し込みをした施設の長期療養施設としての適切さの検討や、本人意向と家族意向の乖離が放置された状況のまま時間が経過すれば、特養から入居案内された段階で無理が顕在化する。医療経済研究機構（2012）によれば、老健入所中の利用者・家族において、特養から入居案内をされた段階で、それを断ると答えた家族は33.8％で、利用者本人の場合にはさらに多く60.9％に上る。「入る可能性が高い」と答える場合（家族：62.6％、本人：35.3％）においても、この回答には「希望の施設なら入る」が含まれているが、

つまりは希望でない施設にも申し込みをしているという意味と同義である。したがって、医療機関に入院中や在宅介護が困難になってきた危機的状況のなかで選定した特養と、老健入所後の一安心した状況でよいと感じる療養先とでは、ニーズが変質している可能性があることを考えれば、断るという割合はさらに多く見積もる必要がある。

　また、利用者・家族が望む施設であっても、特養側が入居の案内ができないというケースもある。福祉医療機構（2018）では、特養に対し（n＝1241）、特養待機が上位となっていても入居案内ができなかったケースの有無を質問した。その結果、あると答えた特養は39.2％であった。その理由は、「医療的ケアの必要性が高く対応できなかった」（73.5％）、「認知症が悪化しており、対応できなかった」（20.7％）が続く。これを実践に援用的に考えれば、医療的ケアや認知症が重い状態で申し込めば、特養側はそもそも待機の上位に浮上させない調整も可能であり、申し込みが無効になるケースも相当数生じると考えておくべきである。

　したがって、「とりあえずいろんな特養に申し込み」という臨床現場でよくみられる対応は、〈成立見込みの低い長期療養計画〉に類されることになる。したがって特養待機目的の入所相談にあっては、改めて妥当な長期療養施設の選定や申し込みの段取りを検討したうえで、【入所合意を図る】必要があることが考えられる。

（3）-c　【膠着状況：しばらくおいてほしい】へのエビデンスの活用

CQ10：老健から他施設への移動により利用者へのダメージはあるか

　【膠着状況：しばらくおいてほしい】とは、無期的に入所を継続させてほしいとの意味が含まれる。前述した医療経済研究機構（2012）によれば、老健入所中に特養の入居を案内されても、本人の60.9％、家族の33.8％が入居に拒否的な対応をとることが示されており、支援相談員にとっては多くの場合、在宅復帰が困難な利用者・家族は老健に【しばらくおいてほしい】と思っているとして、臨むべきである。

　それに対する支援相談員の対応として、老健は長期療養施設ではないことから、無期的な入所について不可とするか、〈自施設での長期入所を支援〉とするかという選択肢がある。その際の支援相談員の判断は、個々の施設の運営方針（機関の関心）によっても規定されるし、本来的に

長期療養施設ではない老健での長期的な生活が利用者本人や家族にとって望ましいかという利用者・家族への目線も存在する。後者についての利害では、老健での現状維持的な滞在継続は、長期療養施設に移動するにあたってのリロケーションダメージが回避される点が挙げられる。ただし、この場合のダメージにおいて検討した小松ら（2013）では、身体に影響（病状の悪化や体調の悪さの自覚）を及ぼした可能性があるものは、全体の約10〜15％であり、さらに入所後の身体的機能の低下とリロケーションの因果関係は明らかにされていない。この知見からは、機能分化した地域包括ケアが法制化されたなかにおいて、老健および支援相談員が他施設への移動の手続きを避けるべき根拠にはならないと考えられる。

CQ11：長期入所者の療養期間をどのくらいに見積もるか

　病状的に不安定であったり、制度の狭間に落ちてしまったりしているケースや、生活習慣や性格傾向等から三要因間が収束せず不調和に終始するケースは生じえる。こうした状況に大渕（2012）では、積極的にずっといられる安心感を与える支援を行うという。確かに、前出の野口（2014）や医療経済研究機構（2012）によれば、施設を転々とすることを避けたい思いが利用者・家族に強くあるなかでは、こうした支援を展開していく利用者・家族への貢献的意義は高い。

　しかし、利用者・家族の希望どおりに対応すれば、援助職としての充実感は得られるだろうが、必然的に老健は長期療養者が占めることになり、回転率の低下によって施設の運営が立ち行かなくなる。その臨床的状況については第1章で述べた。そのような政策への賛否はともかく、眼前に対処を迫られる個別のケースにおいては、〈自施設での長期入所を支援〉するか、あるいは、老健からの退所支援を継続する臨床判断を迅速に行う必要がある。その判断を支援相談員が自律的に行うマネジメントを志向すれば、どこにバランスを求めるかという点から「長期入所者の療養期間をどのくらいに見積もるか」というCQが生じることになる。

　長田ら（2011）によれば、要介護4および5の要介護者の50％生存率となる期間は約3年である。この報告は要介護度のみで統制されて

いるから、個別のケースについて検討するには、要介護認定歴や、有病歴や疾患の重症度などの重みづけを検討する必要がある。在宅復帰が難しい程度に心身機能の低下が生じている際、老健から例えば特養に移動する支援は、特養の待機期間の問題により結実しないことも多くなると考えられ、老健の在所日数をめぐる運営的実情と対照させ、積極的に退所を促進する必要がない場合も考えられる。

ただし、延命医療として経管栄養をも希望している場合には、居川ら（2013）をエビデンスに次のような臨床的な検討が考えられる。居川ら（2013）では70歳以上の症例において、胃瘻造設「から」の予後として、生存率が50％付近となるのには約24か月、60か月の生存率も約20％あったことが報告されている。

したがって、いわゆる延命医療としての経管栄養を想定するケースでは、さらに長期にわたった療養期間になり得ることを踏まえて〈自施設での長期入所を支援〉の是非やその内容を検討するべきである。それだけに、退所支援のみに拘泥することなく〈自施設での長期入所を支援〉も含めて検討し、最晩年の生活のあり方への支援として、老健内で終末期を迎えた際の過ごし方に重きをおいて支援する合理性が優位な場合があることが考えられる。退所できなかった末の結果的な長期入所ではなく、積極的な〈自施設での長期入所を支援〉することで、前述したように、利用者・家族との信頼関係の構築が図れ、利用者・家族の施設サービスへの満足感が得られる。また、それのみならず、終末期の過ごし方が適切に管理されることによって施設側の円滑な運営にもつながる可能性も考えられる。

4 【退所先へのマネジメント】におけるエビデンスの活用

（4）-a　生活の成立と介護負担のコントロール

CQ12：生活が成立する基本的要因とは何か

〈基本的な生活の成立〉の達成において、例えば、食事や排泄といった課題が具体的方策によって達成されるか否かは、エビデンスに依拠する面は大きくはないと考えられる。

また、「なにをもって生活が成立するだろうか」という点は同カテゴ

リーにおいて「食事」「安静」「移動」「医療」「睡眠」「保清」「排泄」「経済」という項目により構成され、成立の視点として提示された。このどれかにおいて本人の自立性が損なわれ、かつ介護者対応やサービス利用を用いても難しければ、〈基本的な生活の成立〉は困難と判別され、その反対にこれらの要因が達成されていれば、最低限の生活は成立すると判断できる。こうした活用により上記の八つの項目は、在宅復帰後の生活の成立を判定する視点となりえ、**表6-1** に示されるような生活機能表の作成などに展開される。

　臨床現場では、支援者が利用者・家族に身体機能を説明しても、それが在宅生活の成立につながるかを演繹的に想像することが難しく、曖昧のうちに在宅復帰した後、直ちに生活が破綻する例もみられるが、それを防ぐ在宅復帰の準備の前段として **表6-1** は活用できるだろう。

CQ13：介護負担感の軽減は可能か

　一方、本人の〈基本的な生活の成立〉とトレードオフの関係にあるのは介護者の介護負担である。これは、〈生活・介護負担の脅威の感覚〉の項で示されたエビデンスと共通し、介護者が男性の配偶者や、嫁が男性要介護者の主介護者となる際には、支援相談員は特に介護負担に留意すべきである。すると、在宅復帰後の介護者の介護負担感を軽減させられるかというCQが生じる。

　英国の研究においては、Kalra ら（2004）が、医療機関での脳卒中患者の退院にあたり構造的な介護指導が従来的な介護指導に比べて、退院3か月後の介護者の介護負担感の軽減につながったと報告している。この研究は単盲検のRCTであり、統制群への恣意的な不作為などが行われている可能性が否定しきれないが、従来的な退院指導の質が低い場合（例えば、排泄介助方法を口頭指導のみ行い退院させる、退院療養指導書を退院時に手渡すのみ、など）と比較すれば、利用者・家族のニーズに対し構造的に実施される指導が効果を上げる可能性は高いと考えられ、それが統計的に有意差が生じる程度にあったという点は、臨床的にも意義深い。また、日本の老健の実践現場にむけても援用的に根拠として用いられると考えられる。したがって、老健では他職種を動員し入所初期において在宅環境の課題を特定し介護指導やサービス導入を行う（足立ら，2012）

表 6-1　日常生活機能表の作成

氏名	様								日常生活機能表					
カテゴリー	サブカテゴリー	内容・備考	自立度						家族対応			介護サービス対応		
			自分でできる	見守り・準備があればできる	時折失敗する	ほぼできない	全くできない	不明・不要	可能	可能だが限定的	不可能	可能	可能だが限定的	不可能
食事	食料品の調達													
	食事づくり													
	食事摂取													
安静	日中		転倒・危険行動あり	転倒・危険行動なし										
	夜間		転倒・危険行動あり	転倒・危険行動なし										
移動	移乗動作													
	屋内移動													
	屋外移動													
医療	医療処置													
	内服管理													
	受療（通院・往診）													
睡眠	睡眠		良眠	断眠	不眠	眠剤内服（あり・なし）								
保清	洗濯													
	着替え													
	入浴													
	口腔衛生（歯磨き・入れ歯）													
排泄	トイレの出入り													
	便座への着座													
	排泄後の始末													
	着衣の上げ下ろし													
	失禁		常時あり	たまにある	なし									
経済	買い物の支払い													
	公共料金の支払い													
	収支のバランスをとる													
	契約作業													

が、こうした支援をなぜ行う必要があるのかという根拠は、在宅復帰後に必要な介護技術を習得した場合、その介護負担感は退所前に習得した場合より高くなるおそれがあるということである。

　また、前出の菅沼ら（2014）に基づく検討のとおり、介護負担がある状況において、その認知や心理状態にアプローチをしても、介護負担感の軽減効果は即時的なものに止（とど）まる可能性が高く、具体的なメリットが顕現することは期待できないと実践的には考えておいたほうがよい。ほかの研究では、介護という行為や対象者へのポジティブな評価や心理状態が、介護負担感の軽減効果があるとする報告が複数確認されるが、因果関係における両変数の構成概念上の類似性（つまり同一の概念を測定している：多重共線性）が疑われる点や、ソーシャルワーク実践が「介護肯定感」のような心理状態に対する操作性をもつわけではないため、ソーシャルワーク実践に活用するエビデンスとしては考え難い。

CQ14：介護サービス利用による介護負担感への効果はあるか
　介護負担を実質的に軽減する介護サービスの活用によって介護負担感を減じることはできるか。

　杉出ら（2016）はシステマティックレビューにより抽出された7文献より、脳卒中患者の家族介護者において、ソーシャルサポートの乏しさや、精神的状態の悪化と介護負担感の増悪との間の関連性を示唆している。同文献は、脳卒中による要介護者を対象としているが、脳卒中に特徴的な要因とも考えられず、援用的に一般化できると考えられる。

　それでは、支援者はソーシャルサポートを設定し、介護サービスを積極的に導入すればよいかといえば、それも短絡的のようである。菊澤（2017）では、2000（平成12）年から2015（平成27）年までの文献レビュー（151件）において、介護サービスによって介護負担感を有意に軽減させたという結果は見当たらなかったとしている。

　また、介護サービスの導入が負担感の軽減に反作用を及ぼす例としては、「サービス合わせの生活リズム」という、サービス利用によって介護者のスケジュールの拘束やサービスへの順応が求められることで二次的な負担感をも生じさせることがフィールドワークを通した結果から報告されている（木下，2009：78-94）。したがって、サービス活用が上

達する「介護者スキルの蓄積」という時間的経過（木下，2009：95）を鑑みながらのサービス導入の必要性があると考えられるが、介護を開始した時点から高い介護負担が生じるケースにおいては、介護者スキルが蓄積する以前に、高負荷の介護負担に加え、介護サービスの導入による負荷が相まって、混乱のうちに介護者が在宅介護を断念することも起こりえると考えておく必要もある。また、介護サービスの利用が介護負担感に及ぼすポジティブな効果としては「緩衝効果」が挙げられる。この場合の緩衝効果とは「介護サービスを活用していなければ、さらに介護負担感は増していた」という意味で用いられる。

　広瀬ら（2007）は、家族介護者の会（n＝550）に対する質問紙調査において、介護サービスの利用による介護に対する否定的評価への効果性を分散分析によって検討した。その結果、「外的資源」としての「訪問看護の利用」が「否定的評価」としての「社会活動制約感」への緩衝効果を示した（F＝7.353、P＜0.01）としている。本研究において検討された介護サービスが訪問看護であり、ほかのサービスにおいて同様の効果を示すかが検討されているとはいえないが、介護サービスの導入の際にサービスのもつ効果として想定するものが「緩衝効果」であることが理解されるエビデンスといえる。

　上記からは、必要な公的サービスを使ってもなお高じる介護負担感は容易に軽減されることはないが、適切なサービス利用が果たされなければ、さらに介護負担感を高じさせるおそれがあるということである。つまり、本人の状態が要介護状態である限り、また人間の経時的変化が大きくは老化に向かって進む限り、さらに本人が存在する限りは、全体傾向として介護負担感は高じる方向への不可逆性が想定される。すなわち、支援者は悪化の速度を弱化させることは望めるが、改善させることは難しいかもしれないというように整理される。

CQ15：介護負担および介護に対する否定的感情を軽減させる支援とは

　介護負担と介護負担感の相違は、前者は実体としての負担内容や量を示し、後者は介護者が感じるその主観的な意味や解釈と考えられる。前者を減じるのはエビデンス情報に求めずとも、制度や社会資源の要因が大きく、例えば介護サービスを用いれば確実に負担は軽減する。在宅介

護では、サービス量はしばしば介護者の必要十分量を満たす前に限度額を迎えてしまうが、老健では在宅生活日数の調整により〈介護負担をコントロール〉する支援が可能であり、前章で示したとおり複数の実践報告が利用者・家族にとっての意義を報告している。

　後者の介護負担感については、定量的な評価尺度はZaritの介護負担尺度やその簡易版（荒井ら，2003）がよく知られているが、それを軽減する方法については、明確なエビデンスが見つかっていないことを支援相談員は意識すべきである。先述した菊澤（2017）のほか、社会構成主義的視点からは、介護者の介護負担感が言葉で構成されるなら、その認知を変えれば負担感が減じるかとの臨床上の疑問（CQ）も提起される。しかし、前出の菅沼ら（2014）における心理的支援として介護者にSSTを行ったものでは、介護者の持続的な介護負担感の軽減を果たすことはできなかったとされる。

　これらによれば、現行サービスによって負担自体を減じても、あるいは心理的なケアを行ったとしても、「介護は大変だ」という負担感を超えたところでは「介護は大変だ」という心的な事実（負担感）は容易には変わらないものと考えられる。しかし、介護は「子育て」や「学業」、「人生」などと同様に、その負担感は少ないほうがよいとは必ずしもいえず、負担感と達成感のような意義を享受する感覚はトレードオフの関係とも考えられる。また、在宅介護が長期に至ることが成功を意味するともいえず、支援者を含む他者が安易に統制するものではない。したがって、要介護者および介護者の双方が納得のうちに在宅生活やその終着が迎えられるように、支援相談員としてはセーフティーネットを用意しておく支援が重要だと考えられ、利用者や家族にとって都合がよい時機に、〈自施設の資源の動員〉により、再入所の保証を行う支援（全国老人保健施設協会，2017②）などを展開していくことが望まれる。

（4）-b 〈本人の幸福の追求に向けて〉におけるエビデンスの活用

CQ16：要介護者はどのようなときに幸福を感じられるか

　在宅生活における利用者の幸せについて考えることは福祉的視点として重要である。しかし、支援者であっても「対象者を幸福にする」という考え方は不遜であり、支援者としては要介護状態になりそれまでの幸福を得る手段を見失った人に対し、手の届く幸福の方向性を示すこと

や、対象者が希求する事柄や行動を理解する際に、「幸福の追求」を枠組みの一つとすることが考えられる。したがって、CQ では「要介護者はどのようなときに幸福を感じられるか」という CQ が導出される。ただし、本研究は幸福という概念を論じること自体が目的でなく、あくまでも研究結果を活用し、対象者の幸福に寄与することを目的にしており、幸福という概念とほかの近接する概念との間の厳密な弁別をするものではない。

　要介護者の幸福について論じた研究は多いとはいえないが、注目されるものは、三好ら（2009）がある。2003（平成 15）年に秋田県大館市と東京都葛飾区の要介護者（n＝758）に対し、訪問調査により「この一年で楽しかったこと」として自記式の自由回答を求めた。その結果、【「家族との交流を通して」の楽しみ】【「友人との交流を通して」の楽しみ】【「介護保険サービスの利用を通して」の楽しみ】【「日常の中の出来事や暮らしそのもの」に関する楽しみ】の四つのカテゴリーとなった。最も頻度数が多いのは、【「家族との交流を通して」の楽しみ】（412 件）であり、家族との外出（46 件）や旅行（62 件）といったアクティブな項目もあるが、離れている家族と会えること（146 件）、家族の成長を見守ること（69 件）、家族との生活そのもの（48 件）、大事にされていると感じること（41 件）というように、移動能力の低下をきたしても楽しみを感じられる項目においての度数も多い。また【介護保険サービスの利用を通して」の楽しみ】は 121 件あり、ヘルパーとの交流（7 件）を除いたほぼすべてはデイサービスの利用に関するもので、デイサービスが要介護者の生活の楽しみに寄与していることがうかがえる。【「知人との交流を通して」の楽しみ】は 130 件あり、友人知人との旅行（24 件）や外出（17 件）、特別な集い（例、同窓会）に参加すること（16 件）といった非日常的で要介護度が低くなければ行えない活動的な項目のほかにも、友人や知人と会って話すこと（73 件）のように交流自体に楽しみを感じられていることがわかる。

　また、【「日常の中の出来事や暮らしそのもの」に関する楽しみ】においては、アクティビティ（趣味を行う、旅行、外出）に関するもののほか、花鳥風月を愛でる感覚の「季節のうつろいを感じる」（21 件）や特別な項目がなくとも毎日が楽しいと感じる「日々の生活そのもの」（38 件）

や「健康状態が安定していること」（41件）のように、穏やかな日常に幸福を覚える高齢期および要介護状態において特有と思われる項目がみられる。

　これらは、訪問調査という特殊な場面で表出された項目であり、実際に要介護者が「楽しみ」を感じた日常場面との差異も考えられるが、要介護者が対外的・自発的に自身の楽しみを表現したものが挙げられている点で貴重な知見である。これに基づけば、要介護者では、家族をはじめ、他者との交流（人間関係）のなかに楽しみを見出すことが多いと考えられる。また、人間関係から離れて自然を楽しんだり、自身を内省し平穏無事な生活が送れていることを貴重に思い、喜びを見出したりする可能性もある。これらは、要介護状態が高まっていても、本人へのソーシャルサポートが組まれ、安定した生活の基盤があることで自然発生的な出現が期待される。したがって、それらに向けた支援の展開が必要ということだが、それは自明的かもしれない。しかし、これらを根拠として、地域住民もカンファレンスに参加してもらい適切な本人ニーズを伝えるという支援（全国老人保健施設協会, 2017②）や、本人が入所前から有してきたサポートネットワークを断絶させない（塩原, 2014）という老健ソーシャルワークの実践例を鑑みれば、これらの実践は老健から退所させるためだけや、〈基本的な生活の成立〉のためというだけでなく、〈本人の幸福の追求に向けて〉における意義が再確認されるだろう。また、デイサービスの選定については、介護者のレスパイトの視点から選定されることもあるが、本人が「楽しい」と感じられる事業所を見つけられることの重要さの根拠として、要介護者においては、行動の不自由さによって楽しみが制限されるなかで、デイサービスの存在は、場合によっては周囲が思う以上に大きいということである。

（4）-c 〈生活困難となった誘因への対処〉について

CQ17：介護サービスによって疾患を予防できるか（誤嚥性肺炎を例に）

　老健においては、なんらかの疾患の発症や利用者とその環境との不適合によって入所することも多い。老健から在宅復帰後に再び同じ事態を引き起こすことは、利用者・家族の不安や苦痛につながるため、生活歴の聴取により生活困難に至った経緯を把握し〈本人のニーズを汲み取っていく〉ことが必要となる。そして、老健への入所理由の一つにはなん

らかの疾患があり、生活環境が発症とかかわることも少なくないことから、再発を予防するという視点も必要である。ここでは、老健の入所理由となる疾患の代表的なものとして、誤嚥性肺炎を挙げ、退所後のサービスの視点から対処について述べる。

　日本老年医学会他（2019：52-54）では、口腔ケアの在宅療養患者への肺炎予防効果についてシステマティックレビューを行い、7編の入院・入所患者を対象にRCTを実施した研究のメタアナリシスによる肺炎発症リスク低減の知見を「在宅ケアに外挿して考えるのが現時点での策」として、エビデンスの確信度は「低」、推奨度は「弱」としている。この知見を踏まえれば、口腔ケアを実施することへの身体的リスクや口腔ケアにおける経済的負担（コスト）を特に勘案しつつ訪問歯科の提案をする支援が考えられる。

4 ｜ 小括

1 【退所先の方向性の決定】に関するエビデンスの活用

　（1）-a では古川ら（2017）に注目し、在宅復帰が適いやすい身体状況を評価する視点が提示された。特に〈変化する心身状況の評価〉として在宅復帰が成立しやすいADLを評価する視点を整理したが、この点は実践者の肌感覚として、承知している点も多いとは思われる。しかし説明性の観点から、肌感覚に基づく説明は支援者の感想の披歴にすぎない。また、漠然と承知していることと、数値として把握している明確さとの間には大きな違いがあり、エビデンスにしうる知見として保持しておく意義はあると考えられる。また、本項では変数間の数値の比較がなされたが、「～％」という数値は集団に係る数値であり、個人に言及する際に数値が直接的な意味をもつわけではなく、本項では個人にアプローチする際の切り口としての活用が検討された。

　（1）-b においては、広瀬ら（2005）を、利用者・家族の介護に関する言説から、負担を否定的─肯定的（脅威の程度）と分析する枠組みとして活用している。そして、同枠組みを用いた岩田ら（2016）からは、要介

護者と介護者の続柄による影響の傾向性から、前項と同様に、対象者へアプローチする切り口としての活用を想定している。そして、反対に吉田ら（2012）からは、介入のタイミングが遅延することにより不可逆的に脅威性が高まりうる可能性を引き出しているが、こうした活用方法は一事例における一般性を読み取っているといえる。同様に、少数事例のデータを統合的な質的分析法を用いてモデル化した松岡ら（2004）から、一般的な利用者に該当する可能性が検討されている。このような質的分析により構造化されたものは、統計学的な一般性を裏づけられるものではないが、少数事例の分析において、構造化の軌跡をもとに、ある状況下における本質が引き出されていると看取されれば、過度な当てはめをしない限りにおいて、構造と同型性のある状況下では、同型性のある現象が起きるという予測性が実践的には得られる（間嶋, 2016）。つまり第2章で述べたように、生じる確度が曖昧であっても、投入するコストやリスクの大小によっては、実践において有用なエビデンスになりえると考えられるということである。

　(1) -c の〈療養の場の選択におけるニーズ〉においては、主として、長期療養施設の選定にあたってのエビデンスが検討されたが、ここでは、複数の多変量解析が行われたエビデンスが取り上げられ、変数間の影響性の強さが比較検討された。それぞれの因子の臨床的重要性については、自明性が指摘できても、数値化されなければその影響性の比較はできず、量的研究によって得られる視点といえる。また、第2章で指摘したように、数値自体に推定困難な誤差が含まれている点からは、因子間の数値の微妙な差をもって強弱を判断したり、比較結果を確証的なエビデンスとすることは適当ではないと考えられるが、推定的な変数の取り扱いによっても十分に臨床的活用が可能と考えられる。

2　不調和の結果に対する支援におけるエビデンスの活用

　〈本人と家族の希望する生活の葛藤〉における支援では、本研究において前章までに構造化されたカテゴリ　が、葛藤が生じる原因を説明するエビデンスとして活用され、ほかの調査論文において活用されるものは見当たらなかったとしている。葛藤解決についてのエビデンスは、心

理学の心理面接における実験的研究などに見出せる可能性もあるが、面接技術的な論述は本研究の目的と異なる点から、検索対象からは除外した。

〈成立見込みの低い長期療養計画〉では、在宅復帰が難しい際の退所先として最も多い特養の申し込みに関して、現実的な退所先として成立しなくなる原因を医療経済研究機構（2012）を用いて説明した。

〈膠着状況〉への支援におけるエビデンスの活用では、まず、第1章で述べた老健における在所日数等の具体的数値を分析し、長期入所者を積極的に認められる臨床的状況が述べられている。また、在宅復帰が困難な程度に身体状況が悪化している利用者について、退所しなくてもよい支援を展開する根拠について述べた。長田ら（2011）による知見と、ある癌について50％生存率が3年程度のステージとを対照させれば、重度の要介護者に1日1日を平穏に過ごしてもらう臨床的意義が鮮明となるだろう。こうした予測の視点は、個別支援の活動から得ることは難しく、いわゆる科学らしい知見といえるだろう。

しかし、第2章の2において、エビデンスをめぐり支援者と対象者における意味づけが異なることを述べたように、こうしたエビデンスは基本的に支援者の臨床判断に専ら用いられればよく、個々の利用者に対して情報提供する必要はない。また、この数値はあくまでも集団に関する数値である。したがって、「要介護4で在宅復帰が今後も見込めない程度に虚弱な状態」にある要介護者（集団）に対する支援相談員の基本的対応として活用する分には、個々のケースの長短の誤差は互いに打ち消し合って施設運営にとっては問題ではなくなる。しかし、個々の利用者については代表値を基準とした分散として長短が生じることとなるため、個々の利用者の予後を直接的に予測する根拠にはならない。つまり、集団を対象とした確率は、個を説明する直接的根拠にはならないということである。しかし、癌診療の例のように医療機関においてこうした前置きなく、患者に伝えられる状況について、統計学の誤用を科学的実践とみなす者がいる状況が散見されるなかでは、ソーシャルワーカーが同じ誤謬を踏まないよう強調しておかなくてはならない。

3 【退所先へのマネジメント】におけるエビデンスの活用

　介護負担感を軽減させるエビデンスの活用では、生じた介護負担感を軽減させることは容易でなく、緩衝効果（使わなければさらに負担感が高じる）が主たる効果であることを多角的検討によって示した。実践場面でサービス導入目的において「軽減を図る」という言葉が見受けられる程度に、この検討の意義があるだろう。統計的な解釈として、サービス導入が介護負担感の軽減につながるという仮説を実証した研究がないことや、研究において仮説が実証されなかったことが、すなわち仮説が完全に否定されたことにはならない。しかし実践において、専門家が対象者に対し、検討されたものの実証されなかった仮説を安易に披瀝すべきではないとも考えられる。つまり、介護負担感の軽減を目的にサービス導入を図るという実践、あるいはサービス導入後の効果を対象者の負担感の軽減の視点からモニタリングする実践は再考すべきである。

　また、杉田ら（2016）を用いて介護負担感とソーシャルサポートの関連性を示したが、少数事例研究である木下（2009）から介護サービスを導入することでソーシャルサポートとしての介護サービスが介護負担感を増悪させる可能性に言及した。つまり、介護負担感の減少にはソーシャルサポートを介護者のスキルの蓄積状況を見ながら導入していく必要があるということであるが、こうした判断過程は一般性を提示した後に、さらにそれに該当しない事例の提示を通し、ソーシャルワーカーが一般性をとらえる視点を拡張させる論述を行ったことになる。

　〈本人の幸福の追求に向けて〉は、高齢者福祉における基本的テーマといえるが、要介護者については実証的な知見として多くは語られてこなかった。また、施設からの退所支援では、「どのように退所するか」に執心し、退所した後の生活がどのように幸福なのかという視点は見失われがちになる。本項において、要介護者が「楽しい」というポジティブな出来事を他者に表出したものがカテゴライズされた三好ら（2009）に着目し、支援の視点に取り入れたことには意義があるといえるだろう。三好ら（2009）におけるサンプリングの調査手法は帰納法的であり、項目の網羅性が統計学的に推定されるものではない。しかし、そのN数の多さからは、カテゴライズされた枠組みは質的研究でいうとこ

ろの飽和性（十分に多様性が取り込まれたこと）が高いと考えられ、この手法で行う限りにおいて、この研究以外で挙がったほかのカテゴリーが生まれるとは考え難い。したがって、支援者はこの枠組みのなかに依拠するうえでの一定の信憑性が得られると考えられる。

　〈生活困難となった誘因への対処〉について、誘因とは医学的な診断名に読み替えられるものも少なくないと考えられる。これまで高齢者福祉領域では疾患そのものに向き合ってきたとは言い難いが、疾患への対処が生活に含まれ、その生活への支援がソーシャルワークに含まれるのであれば、個々の疾患への言及も避けられない。その点では、ソーシャルワーカーも医学的な知見についても参照していく必要があるだろう。サービスのマネジメントにおける役割の主体は福祉職であるが、「我々は医療職ではない」と福祉職がその知見の活用を隠避すれば〈誘因への対処〉が不作為に陥る事態が生じ、利用者・家族の不利益に帰結していくと考えられる。本研究で示したとおり、医療的な内容と、「予防」や「介護」などという検索語を入れれば、社会・生活視点のモデルのうちに活用できるエビデンスが多く検出できるだろう。

　本研究では老健の入所の誘因として代表的な誤嚥性肺炎を取り上げた。しかし、誘因となる疾患の全体に比して、極めて限定的ではある。それぞれの疾患に対する生活面での予防的方法については、RCTのような大規模な調査はなくとも、症例報告や小規模の実験的研究は多くあると考えられる。

第 7 章

利用者の家族による 退所支援の ソーシャルワークの評価

本章は『ソーシャルワーク学会誌』に掲載された間嶋・和気（2019）を加筆修正したものである。

　前章までに Evidence Based Practice（以下、EBP）のステップに沿い、エビデンスの実践への適用方法までを検討してきた。そして、EBP の最終 Step は実践の評価である。その評価とは、第2章でも述べたとおり、エビデンスの有効性を評価することではなく、実践の総体を評価することである。

　また第1章で述べたように、地域包括ケアにおいては、要介護者の療養が在宅で継続されるような体制の構築が目指されている。しかし、厚生労働省（2016①）では日常生活の悩みがあると答えた介護者の約7割が、悩みの原因として「家族の病気や介護」を挙げている。こうしたなかでは、家族を介護の主たる担い手とした在宅生活が最良の選択肢とはいえない場合もあり、退所支援におけるソーシャルワークには、利用者や家族に対し、適切な退所先の選定やその準備を支援することが求められる。

　しばしば家族は、判断力の低下した利用者の身上監護や安定的な生活環境をもたらす保護者的役割を担うことがある。また、要介護者が介護老人保健施設（以下、老健）から退所をするには、多岐にわたる諸制度や地域資源の活用、身体的予後等の専門情報などが十分に検討される必要がある。しかし、そうした情報を把握することや利用者や家族の環境に適合させることに困難を抱える家族もおり、不案内ななかでの家族の判断や行動によっては、本人のニーズと著しく乖離した判断や劣悪な環境を本人や家族自身にもたらしうる。したがって、家族が本人の意向を適切に汲み取ったり、家族自身も幸福追求権が尊重された進路を選択できるようにしたりするための家族支援は、特に重要である。そして、それに対する支援相談員の支援が利用者や家族にとって適切な支援であったかどうか評価されるべきである。しかし、在宅復帰率をはじめ運営面の実績は単純な実数等により容易に評価できるのに対し、老健ソーシャルワークを評価する枠組みは十分に構築されてこなかった。ソーシャルワーク実践が評価される枠組みの欠如は、顕在化しやすい運営的な実数の追求への傾倒につながりうるだろう。

　そこで本章では、家族支援の重要性を踏まえ、家族によって退所支援

の質を評価する枠組みとは何かという問いのもと、その評価項目を構成し、家族からの評価を受け、評価結果の実践への還元を図ることを目的とする。なお、本研究における「介護」とは、在宅生活に限らず施設入所生活を支える身辺の監護等も含めた意味で用いる。

1 退所支援のソーシャルワークの評価枠組みの構成にあたって

老健ソーシャルワークにおける支援の質の評価を目的とした研究は見出すことができなかったが、医療ソーシャルワークやケアマネジメントなどの関連領域では先行研究が存在する。例えば、支援の質を客観的評価によって測定したものには、利用者のサービス提供に資するインフラや、サービス提供実績などを客観的評価手法を用いて公表する方法であるQI（Quality Indicator）評価が挙げられる。評価者はサービス提供者側であることが多いが、客観的評価である前提に基づけば、評価の主体は問わなくてもよいことになり、これらの評価では客観視しやすい実体（機材数、手術数、スタッフ数など）を対象とする。QIは医療分野を中心に実施されてきたが、近年ではケアマネジメント領域においても導入の試みがなされている（ダイヤ高齢社会研究財団, 2010）。医療ソーシャルワークにおいては笹岡ら（2013）の研究があり、早期介入や介入基準項目をQIとし、在院日数の低減や自宅退院数との関連からソーシャルワークの有効性を検討している。しかし、当該項目の多寡や高低が、ソーシャルワーク支援の質を代表しているかについて、また計量可能な代替項目が設定しうるかという点については、さらに慎重な議論が求められると考えられる。

ソーシャルワーカーの自己評価を通して支援の質を評価した研究は、医療ソーシャルワーク（山口ら, 2013）などにおいて、ソーシャルワーカーが支援を自己評価した研究がみられる。これらはソーシャルワーカーへの教育や自己研鑽など、ソーシャルワーカーを支援対象として評価するツールとして有用だと考えられる。しかし、仮にこうした自己評価の結果をもって、ソーシャルワークの支援対象者における支援の評価への転用を図れば、論理的な整合の保持が難しいと考えられる。つま

り、支援者が自身の支援を評価するということは、「自己言及の矛盾」が生じる構造を内包しており、第三者に対して結果の信憑性を主張することができない。したがって、その評価に社会的な価値をもたせるためには、他者評価が求められる。

　他者評価として、支援対象者によりソーシャルワーク支援の質を評価する試みには、支援後の満足度を調査したものがある。こうした調査は、評価者がニーズを自覚している場合には有効であり、医学領域では8項目からなる日本語版 Client Satisfaction Questionnaire（立森ら，1999）などがある。しかし、ソーシャルワークにおいては評価者（支援対象者）が自らのニーズを明確に自覚していないことも多く、ソーシャルワークの業務内容を熟知し来談することは多くはない。したがって、ソーシャルワークの支援が対象者の何を満たすべきかということが評価者に十分に認知されていないなかでは、「ソーシャルワーク支援に満足したか」という項目で支援の質を測ることでは被評価者の業務の専門性は十分に反映されない。

　したがって、ソーシャルワーク支援に満足か否かを問う場合、評価されるソーシャルワーク支援の下位項目を明示する必要があるが、それに相当するものを示したものには、MSW の支援事例の分析から、医療ソーシャルワークの退院援助における「援助効果指標」を構成した梶原（2006）が挙げられる。そして、杉崎（2009）においては、当該指標のうち、患者・家族が回答可能と判断された項目（①患者が安心して療養生活を送れるようになった、②患者への適切な医療が継続・確保された、③医療費などの自己負担が軽減した、④家族が安心して患者と関われるようになった、⑤家族が疲弊状態から解放された、⑥患者・家族が社会参加できるようになった）を用い、MSW の自己評価と並び患者家族への質問紙調査を実施し、MSW の支援効果の測定を試みている。しかし、指標の構成過程において支援対象者の視点をどのように反映させたかが明示されていない点は課題を残すと考えられる。

　また、支援対象者と支援者が一体となって行う評価には当事者参画型評価が挙げられる。藤島（2014：90）によれば当事者参画型評価は、社会構成主義の立場から評価者と被評価者の垣根をなくし、当事者等の評価を事業運営に活かしていく手法である。こうした評価方法は、支援者

とサービスの受益者が混然とした当事者主体の組織などにおいては、当事者の声を活かす行為が当事者をエンパワメントすることや当事者に寄り添った事業運営を展開する方法としての有用性が考えられる。しかし、老健のようにサービス提供者と利用者が峻別された事業における活用は難しいと考えられる。

　以上の検討をふまえ、本研究は老健の退所支援におけるソーシャルワーク実践について、支援対象者である利用者・家族の視点を反映するソーシャルワークの支援とその評価項目を析出する。

2 | 支援対象者がソーシャルワークを評価する視点とその方法

■1　分析の視点

　本研究の目的から、評価項目は支援対象者である家族が認識・評価可能で、かつソーシャルワーク上の意義を有するもので構成されなくてはならない。したがって、家族とソーシャルワーカーのどちらか一つの視点によって構成を図ることは難しい。

　図 7-1 に示すように、ソーシャルワーカー自身が認識する支援と支援対象者が認識する支援は、例示①②に示される部分では両者の認識が一致しない。①のようにソーシャルワーカーがバックグラウンドで行う支援や一部の心理的支援の場合、支援対象者はソーシャルワーカーの行為を覚知できない。反対に、②のように支援対象者がソーシャルワーカーに望む例として、「利用者に（嘘をついて）家には帰れる状況でないと言ってほしい」「利用者を老健に終身入所させておいてほしい」などは、その主訴に直接的に応えることがソーシャルワークの範疇から外れる場合もあり、このような内容への家族の直接的な評価はソーシャルワーク上の意義が認められない。したがって、③部分すなわち、対象者が認識可能なソーシャルワーク支援を抽出し、評価項目としていく必要がある。

　そこで本研究では、分析の対象としてソーシャルワーク支援記録における家族の言動に着目する。支援記録に記述された家族の言動は、それ

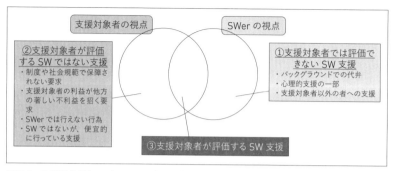

図7-1　支援対象者とソーシャルワーカーによるソーシャルワーク支援に対する評価の諸相

らのうち、支援に関係するものを支援者が切り出したものである。したがって、記述された言動は、家族の視点を反映しており、かつ退所支援に対応した内容である。それをデータとして研究者がソーシャルワークの視点から分析することにより、家族とソーシャルワークの両視点が反映され、家族によって評価可能な退所支援のソーシャルワーク項目が構築できると考えられる。

　また、老健の特性として多様な入所元・退所先（例：各種病院、特別養護老人ホーム（以下、特養）、各種民間施設、在宅）があるため、評価項目は多様な入所元・退所先への退所支援の内容を包括できる抽象度で構成する。

2　調査対象と分析方法および倫理的配慮

　本章における調査対象者、分析方法および倫理的配慮は第1章で述べた方法に依拠している。支援記録1056のレコードから、退所支援に関する家族の言動が表示されたレコード189を抽出し分析データとした。

3　分析の方法・手順

　データは、O4理論（山浦, 2012：46-49）を援用し、意味単位にラベル化した。ラベルの統合・分類にあたっては、KJ法（川喜田, 1986）によ

る技法の一部を援用して行い、研究目的に照らし意味内容が似たもの同士をグループ化し、ラベル内容に密着した評価項目名をつけた。また、分析に十分なデータが収集されるよう、継続的比較分析を行い、評価項目の説明性が担保されたと判断した時点で分析を終了した。

3 | 結果

分析の結果、**表7-1**に示すように、11の評価項目と六つの大項目が抽出された。本節では、大カテゴリーを【　】とし、小カテゴリーを〈　〉で示し、以下にその構成と内容を述べる。

■ 病後の回復における認識

【病後の回復における認識】は、〈可能な限りの身体的良好さが得られた認識〉、〈利用者が必要な生活動作の獲得の認識〉から構成される。本項目は、利用者が退所に臨むにあたり、体調や生活機能が十分であるかどうかを、家族が認識していることを示す。心身状態について説明する責務は、利用者の心身を直接的にケアする職種が行うものだが、心身状態の良好さを家族が認識していることは、退所先を検討するうえで欠かせない。したがって、退所先の選定や手続きにあたって、こうした認識を得ていないことは、ソーシャルワーク上の課題として問われる点といえる。

（1）-a　可能な限りの身体的良好さが得られた認識

本項目は、利用者本人が目的の退所先に退所するために可能な限りの心身状況の良好さが得られていると家族が認識していることを問うものである。その例としてはd-1〜d-4のバリエーションが示される。

これらのデータでは、家族が退所を念頭にいれた際に、病後の本人の心身状態として、BMI（d-1）や、加療状況（d-2）、廃用症候群や食欲不振からの回復（d-4）などに関心が払われ、d-3のようなケースでは、認知症によるBPSDにより在宅復帰は困難であろうという認識が示されている。

表 7-1　利用者の家族によるソーシャルワーク評価項目

大カテゴリー	大カテゴリー定義	小カテゴリー	小カテゴリー定義	Ｎｏ	例
病後の回復における認識	利用者が退所に臨むための体調や生活機能として十分であるかどうかを、家族が認識していること	可能な限りの身体的良好さが得られた認識	利用者本人が目的の退所先に退所するために可能な限りの心身状況の良好さが得られていると家族が認識していること	d-1	妻より、他職員から体重を落とすまで退所はできないと指導をうけた、との報告あり。
				d-2	娘より、特養側から入居には内服が多すぎると言われたため、薬を少なくすることができるかとの問い合わせあり。
				d-3	入所前の面談において、息子は認知症による声出しにより、デイサービス利用が難しく在宅介護は困難ではないかと検討している。
				d-4	退所日の面談では息子より、本人の車いす上の挙動や起居動作・食事量などが、入院時より改善している認識とともに、「その点はすごい良かった」との声が聞かれる。
		利用者が必要な生活動作の獲得の認識	在宅介護をするために必要な生活機能を獲得している、という認識を家族が得ていること	d-5	妻より、在宅退所可能となる ADL として排泄動作の自立が挙げられ、未達成である認識が聞かれた。
				d-6	妻より、本人が利尿剤の内服を拒否していることに困惑し、「邪道として」食事に混ぜる方法はどうかとの質問があった。
				d-7	娘から、本人がインスリンを自己注射できるよう指導してほしいとの要望がなされた。
				d-8	娘より、本人の歩行能力向上について、予想外に良好との感想が聞かれるが、更衣動作について課題が残るという認識が示された。
家族としての意思決定	家族が本人の意向も尊重し、家族全体の状況を検討したうえで自ら下す決定であること	家族成員のバランスを図った決定	家族が本人の意向も汲み、家族の成員それぞれの事情などが考慮された決定であること	d-9	主介護者の息子は、老健に長く入所していれば、自分にとっては得だが、自宅に帰れることが本人の張り合いにもなるため、半年間の施設療養を切り上げ在宅に帰ることとしたこと、「その期間は本人は長かったのかな」と在宅退所直前に振り返った。
				d-10	施設内でのカンファレンスにおいて、妻から本人に対し、障害を負った娘の世話をしなくてはならないため、今後本人は在宅での生活ではなく、長期療養施設への移動を図りたい意向を伝え、本人からは、家には帰りたいが、妻の迷惑にならないよう我慢するしかない、との発言が聞かれた。
				d-11	リハビリ途中で自宅に帰りたいという本人の主張を聞き、妻は後日、起居動作もできないなかで実はまだ早いと考えトイレまでの移動能力の獲得を願う声が相談員に寄せられた。
				d-12	退所前指導において、娘夫婦からは老健のショートステイやデイケアの利用を通じ、有事の際に再入所がしやすい状況をつくっておきたいとの意向が示されたが、施設系のサービスは使いたくないとの意向である本人との間に意見の軋轢が生じ、家族が本人のわがままを指摘するなど激しく言い合う場面あり。
		本人を含む家族が下す決定	決定する実質的な主体が本人を含めた家族であること	d-13	息子によると、ポータブルトイレの使用は本人が望まず、在宅で日中一人で過ごさせるのは、「なにかあったらと思うと心配」なため在宅退所ではなく、要介護2で特養に申し込めないなかではほかの老健にいくしかないと本人と息子で決めたとのこと。
				d-14	入所中の妻の決定として、本人と離婚すること、ほかの家族の世話や自分の仕事に忙しく、本人の介護はもうできないことを話された。

大カテゴリー	大カテゴリー定義	小カテゴリー	小カテゴリー定義	No	例
サポートの整備	退所した後においても、家族が認識する本人や家族のニーズを満たすサポートが整備されること			d-15	夫より、要介護5の認定を受けたが、在宅で何をどこまでしてもらえるのかわからないと語られた。
				d-16	妻より、居宅介護のケアマネジャーをどのように選んでよいかわからず、友人が勧める施設の付属事業所か、現入所施設の付属の事業所かを迷っているとの相談が寄せられた。
				d-17	息子は、退所したのちも、同じ施設に通所できることで、知り合いなどもいることから本人にとってよいと感じている旨を語った。
				d-18	姪より、有料老人ホームの選択条件として、リハビリプログラムが挙げられた。
家族の生活を損なわない退所準備	家族の生活に合わせ、家族の生活に支障が生じないように配慮された退所準備であること	家族状況に即した退所準備	退所時期や退所準備を行う日程などについて家族の状況に配慮された退所の準備であること	d-19	息子は、寒い秋の時期の退所だと夜間の頻尿を招き、その介助が大変なために見送り、温かい春先の退所を選んだ、と述べた。
				d-20	妻より、本人が退所日が決まったと言っているが、支援相談員が勝手に退所日を決めて本人に伝えてしまったのか、と問い合わせあり。
				d-21	甥より本人の長期入所施設の申し込みに動けるのは、自分の親の入院対応や、本人の自宅の処理が済んでからにしたい、との意向。
		本人家族にとって計画的な準備	退所の準備にあたって、段取りの見通しを立てて準備が進められ、利用者や家族にとって計画的であること	d-22	妻より、ケアマネジャーと契約する時期は、本人の体重コントロールがつく、退所ぎりぎりでよいかとの相談が寄せられた。
				d-23	SWより、家族に退所準備にあたって、退所時期の目標を問い合わせたところ、急いで準備をさせられるのではという危惧を持ち、本人のADLが十分になったから帰れるという段取りを踏んでほしいとの要望が寄せられた。
				d-24	息子より、本人の体調やADLの回復が家族にとって満足のいくものであり、入所時の申し込みどおりの時期での在宅退所の希望あり。
				d-25	入所日に娘より、在宅退所するまでの時期と行程を明示してほしいとの要望あり。
介護に必要な技能の習得	本人の療養場所に応じた介護における心持ち（態度）や方法といった技能を家族が得て退所へと至ること	介護態度の醸成	介護にあたって適応的な態度が家族のなかで醸成されていること	d-26	妻より、在宅介護に臨む気持ちとして、今までの本人の勤労への恩返しだとの声が聞かれた。
				d-27	娘は、現施設が入所継続できないなら、自宅で見るしかないと考えていると話した。
				d-28	SWより老健の繰り返し利用の方法を説明したところ、娘より、その活用により、本人の介護を、だましだましの姿勢で本人にとっていいように行えるかもしれないという感想が聞かれた。
		介護方法の習得	本人の今後の生活にとって必要な介護の方法について家族が習得をしていること	d-29	在宅退所指導において、夫より、入院していた病院では、オムツ交換の指導を受け練習したが、実際の排尿時にしたことはない、との現状が伝えられた。
				d-30	娘より連絡があり、胃ろうを使用する本人に対する、経口からの水分摂取方法についての指導を受けること、その日程が伝えられた。
				d-31	外泊時の指導で訪問したところ、本人に低血圧性の発作による意識消失があり、妻からは、在宅生活での発作時の対応についてどうしたらいいかわからない、との不安の声あり。
				d-32	息子と嫁より、長期入所施設に入った後の、本人への面会の適正頻度について質問が寄せられた。

大カテゴリー	大カテゴリー定義	小カテゴリー	小カテゴリー定義	Ｎｏ	例
本人と家族の生活の成立	本人と家族のそれぞれの生活において、どちらかの生活に破綻を生じさせることなく成立すること	経済的成立	退所後の生活に必要な経済的コストを把握し、生活が成り立つことを家族が認識していること	d-33	退所先の検討において、ある有料老人ホームの入所費用を説明されたところ、KEY の妹から「予算オーバー」だとの認識が示された。
				d-34	年金と障害手当を合わせた額で長期入所施設を選定したいが、高齢者住宅は難しいという認識が示された。
				d-35	家族は、月額 15 万ほどというグループホームへの入所費用に高額だとの認識を示し、老健間での移動を希望され、移動先の老健での月額や費用細目について、相談員に対して質問あり。
		本人らしい生活	要介護状態のなかにあって、本人らしい生活が営めそうだと家族によって感じられていること	d-36	妻は、本人は外泊時に妻の手料理を食べリラックスして過ごせたようだ、と語った。
				d-37	息子より、本人の在宅生活への希望は、自身で服薬管理ができないため、叶えられないが、本人にとって、どのような施設が望ましいか、また、グループホームと特養の生活の差異について相談があった。
				d-38	娘より、本人の、妻と一緒にいたいという希望にそって、妻の入所中の老健へ移動をさせたいとの意向が聞かれた。
				d-39	在宅酸素療法実施中。ADL は病前の状態にまで回復したが、娘からは以前の日中独居の生活に本人が不安を覚えており、在宅が本人にとって望ましいとはいえないとの意向が聞かれ、療養病床や家族負担が可能な額のサ高住では、他者交流が図られない可能性を踏まえ検討から除外された。
		家族の許容範囲内の予測介護負担感	家族によって予測された老健退所後の介護負担が家族の負担範囲であること	d-40	妻より、本人と一日中いたら自分のほうがまいってしまう、との発言あり。
				d-41	退所前訪問指導において、妻からは、在宅介護に不安はあるが、20 年介護を行ってきた自負と、本人の介護が自身の元気の源でもあるとの認識が聞かれた。
				d-42	退所前指導において、在宅介護が困難になったら優先的に入所できることを相談員から聞き、娘からは、「それなら心が少し軽くなった」との感想が寄せられた。

（1）-b　必要な生活動作の獲得の認識

　本項目は、在宅介護をするために必要な生活動作を獲得している、という認識を家族が得ていることを問うものである。その例としては d-5 ～d-8 のバリエーションが示される。

　これらのデータは、排泄動作（d-5）、内服（d-6）、医療処置（d-7）、更衣動作（d-8）などの生活機能についての利用者の自立性やコンプライアンス（d-6）を、家族が退所にあたって意識していることを示している。ここで挙げられる生活機能は、排泄動作（d-5）や更衣動作（d-8）といった ADL や、d-6 のような内服へのコンプライアンス、d-7 の医療機器の操作といった IADL に該当するものも含まれる。専門職による

測定概念として両者は弁別されるが、家族にとっては生活上の機能として同一であり、d-7 や d-5 のようにその獲得について積極的な要望をする例がみられる。

2 家族としての意思決定

【家族としての意思決定】は、〈家族成員のバランスを図った決定〉と〈本人を含む家族が下す決定〉により構成される。本項目は、家族が本人の意向も尊重し、家族の状況を検討したうえで自ら下す決定を指す。

（2）-a 家族成員のバランスを図った決定

本項目は、家族のそれぞれの意向が調整され、現実的にとりうる選択肢としては最善と思える決定をしたかどうかを示す項目となる。家族によっては、本人の希望は反映されなくとも自身の意向が強く反映することがよい決定と感じる可能性はあるが、ソーシャルワークの視点からは、家族が本人の意向も汲み、家族の成員それぞれの事情などが考慮された決定であることが求められる。その例は、d-9〜d-12 のバリエーションが示される。

家族としての意思決定の際には、d-9 や d-10 のように、利用者本人と家族は介護されるものとするものとの立場の違いがあるが、互いの状況を配慮し、譲歩することにより協調的に形成されることがある。d-9 は家族が本人の思いを汲んでいることを示しており、d-10 は本人が家族の身を案じて自身の要求を抑えていると解釈できる。d-11 の状況は、本人の要求と家族の意向がすれ違い、この時点では家族としての意向形成が不十分だと解釈される。

d-12 は退所にあたっての在宅サービスの選択について、施設系のサービスを使いたくない本人と使わせたい家族との間の葛藤が示されている。

（2）-b 本人を含む家族が下す決定

この項目は、第三者の都合や価値観の押し付けではなく、決定する行為の実質的な主体が本人を含めた家族であったかが問われるものである。今日では、サービス事業者の利害や報酬を媒介に在宅生活を誘導するような制度体系や、理解のないサービス利用者を専門職が正しい方向

へ導くという支援観も根強く、これらは本人や家族自身が望んだ決定を阻害する要因ともなる。家族が評価する視点では、いつどこでどのような生活をしていくかの決定を家族自身の判断で決められたか、さらにソーシャルワークの視点では、本人の意思決定への参加は重要である。その例は、d-13〜d-14のバリエーションに示される。

d-13においては、ポータブルトイレ使用による在宅退所の可能性も見いだせるが、家族と本人の価値観により検討された結果として他施設への移動という決断が示されている。また、d-14における決定は、本人や入所中の老健施設における影響が大きく、一方的な決定である。

3 サポートの整備

この項目は、退所した後においても、家族が認識する本人や家族のニーズを満たすサポートが整備されるかという点が問われるものである。本項目に対応する支援は退所支援の代表的業務といえる。その例は、d-15〜d-18のバリエーションに示される。

介護に不慣れな場合にあっては、d-15やd-16のように介護保険サービスの基本的な手続き方法やサービス内容がわからず、立ち止まったり、支援相談員へ相談が寄せられたりすることもある。d-17のように、本人のニーズを満たしうる事業所の環境要件が示されているように、本人の個別的ニーズとサポート内容との適合性を評価することもある。

在宅のみならず長期療養施設への移動にあたっても、d-18のように、リハビリプログラムのサポートが整備されていることを評価の基準にしているものもある。

4 家族の生活を損なわない退所準備

【家族の生活を損なわない退所準備】は、〈家族状況に即した退所準備〉と、〈本人家族にとって計画的な準備〉により構成される。本項目は、家族の生活に合わせ、支障が生じないように配慮された退所準備であることを指す。

（4）-a　家族状況に即した退所準備

　この項目は、退所時期や退所準備を行う日程などについて家族の状況に配慮された退所の準備ができたかを問うものである。老健からの退所にあたっては、本人の状態変化の把握や、退所後のサービス提供機関との打ち合わせ、老健内でのカンファレンスなど、様々な段取りを経由するが、家族が日々の生活が送れるように配慮された退所準備であることは、重要な点である。その例は、d-19～d-21 のバリエーションに示される。

　退所準備を開始するにあたっては、d-19 のように冬季の退所を避け、夜間介護に適した時期に開始したいという家族の意向が働いているものもある。そして、d-20 のように退所日は家族の状況を踏まえて決定されるべきという認識が解釈されるものもある。また、d-21 のように長期入所施設への移動にあっても、家族状況への配慮が必要なことを示すデータが確認される。

（4）-b　本人家族にとって計画的な準備

　この項目は、退所の準備にあたって、段取りの見通しを立てて準備が進められ、利用者本人や家族にとって計画的なものとなったかどうかを問われるものである。利用者や介護者の体調は立案した計画によって統制されるものでない以上、現実的な計画とは予定外のことが生じうることが了解されている必要がある。その例は、d-22～d-25 のバリエーションに示される。

　退所準備の計画的な実施においては、d-25 のように入所当初から準備時期と行程が明示されていることを求める声もある。しかし、反対にd-23 のように時期を基準に段取りを考えるのではなく、利用者の身体状態が次の検討に移るのに十分であると家族が確認した後に、話を進展させたいとの要望もある。そして、d-24 のように家族に本人の体調面や介護者である家族の受け入れにおける不安もなく、予定どおりの退所日を迎えるケースもある。

　また、d-22 のように入所後の経過において、利用者の身体状況より、退所準備の計画を継続してよいのかと計画の見直しを問い合わせるデータや、d-23 のように退所直前の介護者の体調が計画の遂行を不可能としているデータも確認される。

介護に必要な技能の習得

【介護に必要な技能の習得】は、〈介護態度の醸成〉、〈介護方法の習得〉から構成される。本項目は、本人の療養場所に見合った介護における心持ち・態度や方法・技術といった技能を家族が得て退所へと至っているかが問われる項目である。

（5）-a　介護態度の醸成

この項目は、今後の介護に対しどのように向き合っていくかという適応的な態度が家族のなかで醸成されているかを問うものである。退所後家族に求められる介護内容に対し、家族の介護態度によっては、本人または家族の生活が破綻するほどの介護不足や、反対に長期的な継続が困難なほどの過剰なかかわりをもたらすこともありえ、介護を行う場に適応的な態度であることの意味は大きい。その例は、d-26〜d-28 のバリエーションに示される。

d-26 のように本人に対するポジティブな気持ちの発露として介護に臨む例や、または d-27 のように在宅介護に消極的な姿勢を表現する例もある。d-28 では介護負担を上手くコントロールする方法として「だましだましの姿勢」と述べている例が確認される。

（5）-b　介護方法の習得

この項目は、本人の今後の生活にとって必要な介護の方法について家族が習得をしているかが問われるものである。その例は、d-29〜d-32 のバリエーションに示される。

介護方法の習得にあたっては、d-29 のようにオムツ交換といった基本的な介助方法の習得に関連するものや、d-30 のように嚥下機能が低下したなかで、経口摂取を確保するという介助としては高度な技術を求める例も確認される。また、本人の身体に接する日常的な介助動作のみでなく、d-31 のように疾患特性に対し、家族がどのように対処していくかが未習得の状況を示す例もある。また、d-32 のように施設生活における家族の介護方法として、その頻度に対して家族の関心が示されている例も確認される。これらは、介護の場所や必要となる介助方法の違いはあるが、本人に必要な介護をどのように遂行していくかという方法を問う点では共通しているといえる。

6 本人と家族の生活の成立

【本人と家族の生活の成立】は、〈経済的成立〉と、〈本人らしい生活〉、〈家族の許容範囲内の予測介護負担感〉から構成される。この項目は、本人と家族のそれぞれの生活において、どちらかの生活に破綻を生じさせることなく成立することを指す。

（6）-a 経済的成立

本項目は、退所後の生活に必要な経済的コストを把握し、生活が成り立つことを家族が認識していることが問われるものである。国民が全般的に利用できるよう入所費用が調整された老健からの退所にあたっては、ほかの施設の利用や在宅療養にあたっての必要諸経費には落差が生じうるため、経済的に生活が成立するかという点は、家族の関心の対象であり、ソーシャルワークとしても重要な支援だと考えられる。その例は、d-33〜d-35 のバリエーションに示される。

d-33、d-34、d-35 のように市区町村が実施する減額制度の対象となっている老健において、ほかの施設への移動は、相対的に入所費用が高くなることがある。年金など限られた収入のなかで生活を経済的に成立させていくためには、月々の費用の総額の把握や、d-35 のように別途にかかる費用がないのかを確認する様子がみられる。

（6）-b 本人らしい生活

この項目は、要介護状態のなかにあって、本人の心身状況に見合う生活の質を得られる生活が営めそうだと家族によって感じられているかが問われる項目である。本項目においては、疾病や障害により生活上の制限を余儀なくされるなかで、本人らしさを希求する家族の様子が、d-36〜d-39 のバリエーションに示される。

d-36 のように在宅で生活することが本人が自分らしく生活できる場所であることを説明しているデータもあるが、d-39 のように在宅での生活が可能かどうかではなく、本人らしく生活するという観点から望ましくないと判断する場合もある。

施設療養を選択する際、d-37 においては家族は本人の希望する生活を叶えることはできなくとも、本人にとって次善の方策を検討している。また、d-38 のように夫婦が一緒に揃って生活することが、「本人ら

しさ」にとって優先すると判断している例も確認される。

（6）-c　家族の許容範囲内の予測介護負担感

この項目は、家族によって予測された老健退所後の介護負担が家族の負担範囲であることが問われるものである。老健を退所した後の介護負担は、退所をした後でなければ実感はできないが、退所後の生活における家族の予測的な負担感に応じて、退所先やその準備を行うことから、本項目はソーシャルワーク上の意味を有する。その例は、d-40～d-42のバリエーションに示される。

d-40 のように本人と過ごす時間を耐えられない負担に感じることを訴える例や、反対に、不安を感じつつも本人の介護を「元気の源」だと位置づけようとして介護に臨む d-41 からは介護を隠避すべき負担とはとらえないよう努めていると解釈される。また d-42 からは退所後の体制によっては予測された介護負担感が軽減しうることが示される。

4 ｜ 利用者・家族の退所支援ソーシャルワーク評価枠組みを用いた質問紙調査

本節では、前節で構成されたソーシャルワーク実践の評価枠組みを用いて、支援相談員の退所支援を評価した取り組みを報告する。

1　質問紙の構成

前節で構成された退所支援ソーシャルワークの評価枠組みに基づいて質問紙調査に向けた質問項目を構成した（**表 7-2**）。

回答は 5 件法を用い、5 点「非常にそう思う」、4 点「まあそう思う」、3 点「どちらでもない」、2 点「あまりそう思わない」、1 点「まったくそう思わない」とした。したがって、2 点および 1 点には、支援課題が残っている可能性が判断される。設問〈家族の許容範囲内の予測介護負担感〉および〈経済的成立〉については、逆転項目として設定している。

表 7-2　退所支援ソーシャルワークの評価枠組みと質問項目

大カテゴリー	下位カテゴリー	質問項目
病後の回復における認識	可能な限りの身体的良好さが得られた認識	退所するにあたって本人の心身の状態は整っている。
	利用者が必要な生活動作の獲得の認識	療養生活を送るにあたって本人ができる範囲のことは、できるようになっている。
家族としての意思決定	家族成員のバランスを図った決定	退所先は家族や本人のお互いの生活を踏まえてのよい進路だと思った。
サポートの整備	サポートの整備	退所したあとも、本人の生活に必要な介護や支援が受けられるだろうと思った。
家族の生活を損なわない退所準備	家族状況に即した退所準備	家族の状況や都合に合わせた退所の準備ができた。
	本人家族にとって計画的な準備	退所までは計画的に準備が進められた。
介護に必要な技能の習得	介護方法の習得	本人の生活を支えるうえで必要な対応や処置については理解できた。
	介護態度の醸成	気持ちに余裕をもって介護をしていくことができそうだと感じた。
本人と家族の生活の成立	家族の許容範囲内の予測介護負担感	本人を介護することについて、介護者への負担は重そうだと感じた。
	本人らしい生活	退所後は、本人の心身状況に見合った生活が送れそうだと感じた。
	経済的成立	退所した後の生活における経済的負担は重いだろうと感じた。

2　調査対象者および調査方法

　調査対象者は、2016（平成28）年4月〜2017（平成29）年3月の1年間にリハビリ目的に入所し退所に至った利用者・家族のうち、入院や死亡退所を除いた51名である。回収率は39％でn＝20となった。調査方法は、退所時に質問紙調査の依頼を口頭で行い、後日郵送法にて質問紙を送付した。返送にあたっては匿名とし、返送先は研究機関の研究室宛てとした。

　本調査は所属機関における長の倫理的審査および首都大学東京（現・東京都立大学）研究安全倫理委員会の承認を経て実施している。

3　結果

　利用者・家族が評価する退所支援の項目として抽出されたものの平均

値と標準偏差および、支援相談員の支援に課題を残すことを意味する3点未満の得点に着目し、その分布を**表 7-3** に示す。

　2点以下の得点がみられなかった項目は、〈家族成員のバランスを図った決定〉、〈本人家族にとって計画的な準備〉、〈介護方法の習得〉の3項目であった。

　最も平均値が低く2点割合が高かった項目は〈経済的成立〉であった（平均：2.95±0.80、2点割合：35%）。また、1点が得点された唯一の項目は、〈本人らしい生活〉であった。

表 7-3　利用者・家族による退所支援の評価得点の分布

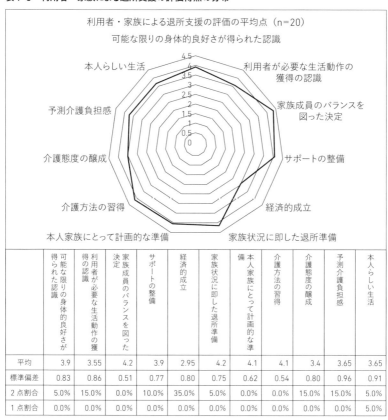

利用者・家族による退所支援の評価の平均点（n=20）

	可能な限りの身体的良好さが得られた認識	利用者が必要な生活動作の獲得の認識	家族成員のバランスを図った決定	サポートの整備	経済的成立	家族状況に即した退所準備	本人家族にとって計画的な準備	介護方法の習得	介護態度の醸成	予測介護負担感	本人らしい生活
平均	3.9	3.55	4.2	3.9	2.95	4.2	4.1	4.1	3.4	3.65	3.65
標準偏差	0.83	0.86	0.51	0.77	0.80	0.75	0.62	0.54	0.80	0.96	0.91
2点割合	5.0%	15.0%	0.0%	10.0%	35.0%	5.0%	0.0%	0.0%	15.0%	15.0%	5.0%
1点割合	0.0%	0.0%	0.0%	0.0%	0.0%	0.0%	0.0%	0.0%	0.0%	0.0%	5.0%

4　得点の評価

　2点以下の得点がつかなかった項目は、平均値も高く相対的に支援上の課題は少ないと考えられる。しかし、2点以下を得点した項目はみられ、特に〈本人らしい生活〉に1点が得点された点は、個別支援活動において十分に留意するべきである。

　得点の分布からは、〈経済的成立〉においては、最も平均値が低く、かつ2点割合が高く、相談員の支援上の課題が相対的に多く残っていると考えられる。個別的な留意にとどまらず、支援のあり方を見直す必要性が考えられる。

5　評価結果からエビデンスを活用した実践へ　〜〈経済的成立〉を向上させる支援の検討〜

　〈経済的成立〉に関してさらに留意して支援することにより、利用者・家族への支援の質はさらに向上するものと考えられる。したがって、臨床上の疑問（Clinical Question（以下、CQ））として、①「どのような状況にある人が経済面に留意した支援が必要なのか」、②「要介護者の在宅復帰後の介護費用の見積もり」が導出された。なお、津軽谷（2003）によれば、老健入所者と要介護認定を受けていない在宅高齢者における主観的QOLを比較したなかで、経済的な満足に関しては施設入所者のほうが有意に高かった（老健入所者：84.2　在宅高齢者：72.2）ことが報告されており、CQに係る課題の一般性が示唆される。

(5)-a　「どのような状況にある人が経済面に留意した支援が必要なのか」

　斉藤ら（2014）では、等価所得が200万円を下回るあたりから、相対的剥奪割合は急増し、相対的貧困状態とされた等価所得149万円未満においては、経済的な理由によって生活に必要な日用品を購入できない、社会生活を送るための道具や手段がない、住環境に問題がある、医療が受けられないといった剥奪指標に一つ以上該当する割合は、約40％にのぼるとされた。等価所得200万円とは、例えば収入が年金のみの高齢者夫婦世帯でいえば、一人当たりの月額は約12万円であり、

単独世帯なら約 17 万円である。これらを基準としその付近では、必要な介護サービスの抑制や、介護サービスの利用と引きかえに経済的に劣悪な生活に至ることも想定しておく必要がある。また、相対的剥奪下にある在宅生活が孤立化や健康悪化を促進するおそれもある（斉藤ら，2014）。したがって、こうした状況下のケースでは必要限度のサービスを確保しつつ、経済面に配慮した在宅復帰に向けた準備を進めていくことが必要となる。老健における具体的実践例では、大成ら（2016）において、認知症をもつ経済的に困窮した利用者の在宅復帰にあたって、介護保険サービスの自己負担額を抑制するために、精神保健福祉サービスの活用に至った実践が確認される。

（5）-b 「要介護者の在宅復帰後の介護費用の見積もり」

　また、津軽谷（2003）からは、在宅生活費の目安を提示していく支援が必要と考えられる。関連した実践として在本ら（2016）では、在宅復帰の意思決定前に居宅ケアマネジャーから利用者に活用が想定される具体的サービスの説明をして不安感を取り除くという支援がある。こうした支援により、ケアプランの第 7 表（「サービス利用票別表」）を通し、サービスにおける費用負担の目安を事前に知ることができるが、介護費用はサービスの自己負担分だけでないため、介護費総体の一般的目安を示していく有用性も考えられる。活用される研究には田中（2017）がある。田中（2017）では、介護保険サービスの使用量のみでなく、オムツ代、衛生材料や介護用品などの「介護関連」項目や、病院診療費、病院交通費、理髪代などの「介護関連以外」の項目における各家庭（n＝243）の平均値および中央値を算出している。それによれば、要介護 1 ～ 5 の中央値では、約 15000～30000 円のレンジに収まる。これに負担割合に応じた区分支給限度額内の自己負担分や高額介護サービス費制度を併せて整理すれば、要介護者の介護療養費の目安が算出でき、例えば要介護 3 の 1 割負担の課税世帯では中央値をベースにすれば約 4 万 5000 円程度と考えられる。さらに総務省（2018）による一般高齢者世帯の生活費も併せて考えれば、要介護者のいる世帯の生活費の目安の推計ができ、老健施設入所費と比較すると高齢者 2 人の課税世帯の在宅生活の費用は老健入所中と同程度から若干低くなる場合があることが推定される。

5 ｜ 小括

■1 家族が評価するソーシャルワークの評価枠組みについて

　本研究では、老健の退所支援において家族が評価可能なソーシャルワークの評価項目として、六つの大項目のもとに 11 の評価項目が抽出された。

　【病後の回復における認識】や【サポートの整備】、【本人と家族の生活の成立】といった項目は、保健医療領域のソーシャルワークに共通した実践への評価項目といえるだろう。ただし、先行研究との対比では、梶原（2006）では【病後の回復における認識】や【サポートの整備】に相当する項目はない。また、梶原（2006）における「医療費などの自己負担が軽減した」は本研究の〈経済的成立〉に相当すると考えられる。しかし、実践現場のデータから立ち上げた本研究の当該項目のバリエーションにおいて、医療費や介護費用について支援相談員がかかわることで低減したと家族が認識したデータは確認されない。高額介護サービス費や負担限度額認定証の取得については、当然に適用される制度であり、「軽減した」という認識には至らないのだろう。本研究では、経済的負担能力に応じた計画を検討することへの関心を示したものが確認される。

　また、【家族としての意思決定】や【介護に必要な技能の習得】、【家族の生活を損なわない退所準備】は、老健という場に特有の項目となると考えられる。前章で述べたように、現在の保険医療機関（病院）のように厳格な入院日数の制約があるなかでは、家族としての意向が十分に調整された〈家族成員のバランスを図った決定〉を待つよりも、決定について対外的な責任をもつものとしてキーパーソンを選定していく支援に傾注せざるを得ないことも多くなると考えられる。したがって、家族という集団として決定を下すあり方が評価されるという項目は老健の特徴を反映していると思われる。同様に〈介護方法の習得〉が、病院でのソーシャルワーク支援として可能だとしても、〈介護態度の醸成〉という、いつ達成されるか時間的見通しがつかない項目を病院の退所支援の

評価項目として掲げることは困難だろう。しかし、入所期間について、対象者ごとに柔軟に調整する可能性をもつ老健においては、【家族の生活を損なわない退所準備】が可能であり、当該評価項目が構成される。

先行研究にみられない項目としては、【家族としての意思決定】や〈家族の許容範囲内の予測介護負担感〉が挙げられる。もとより自己決定は周囲の環境を認識した「自己」が下す決定という意味を含むと考えられるが、周囲の状況を十分に認識していない個人が専決的に下す決定も「自己決定」とする言葉の独り歩きが臨床現場では散見されるが、「家族集団の一員としての自己」という意を明確にした当該項目には一定の臨床的意義があると考えられる。また、「介護負担」はすでに日常用語化されているが、〈家族の許容範囲内の予測介護負担感〉では、退所する前の取り組みの段階では、あくまでも〈予測〉であり、イメージの段階であることが明確にされている。

❷　実践の評価例の報告

これらの評価枠組みに基づき、質問紙調査項目を設定し、本研究での実際の評価活動の実践例として、対象者（集団）による質問紙調査を報告した。その結果、〈経済的成立〉の点数が相対的に低いことが判明し、実践の見直しを行っている。実践者としては、現実的な制約のなかで可能な限りよい状態で退所することが達成されるように図っているつもりでいても、非対面的な調査においては、低い評価がなされることもある。実践の改善にはこうした評価も貴重なものと考えられ、本調査の実践的意義といえる。

❸　経済的成立へのエビデンスを活用した支援の検討

実践の見直しとして、EBP の Step1 に立ち戻り CQ を設定し、対応するエビデンスを検索、吟味し（Step2、Step3）、実践への適用方法を検討した（Step4）。そして、経済面の支援が必要となるケースや経済的問題が引き起こす生活問題を見立てる視点や、経済的不安に対応した具体的目安を提示する支援が検討された。こうした研究知見は、個別の実践

に当てはめるエビデンスとするのは適切ではなく、状況を分析する視点や基準として、ケースの個性のアセスメントやリスク回避として活用されることにより、支援対象者に対する貢献を果たすと考えられる。例えば、在宅介護費用の見積もりにおいては、実践場面を想定し、介護保険の自己負担分のみでなく、介護に係る費用総体の見積もりを要介護度別や所得区分別に表示した。支援対象者においては、介護サービスの自己負担分のみでなく、こうした情報も望まれると考えられる。

　また、経済面への留意が必要な場合として、個人の年金所得が17万円付近の場合は、単独世帯の場合、必要な介護サービスをも抑制してしまう可能性が検討された。これをエビデンスとすれば、単独世帯の多くの場合において十分な支援上の配慮が必要だと考えられる。

　経済的に困窮した状況で生活を成立させる支援をいかにしていくかという点では、大成（2016）や在本ら（2016）のような優れたソーシャルワーク実践が検出されたが、その数は多いとはいえなかった。しかし例えば、生活保護受給に向けた家族関係調整や、中途障害者の特別障害者手当の継続的受給方法など老健ソーシャルワークに特有の専門的支援は多くあると考えられ、今後さらに数多くの事例報告がなされ、電子的に検索可能な媒体に蓄積されていくことが望まれる。

第 8 章

介護老人保健施設の退所支援に求められるエビデンスを活用する支援のガイド

本章では、第4章から第7章で明らかにされた「課題」「支援方法」「エビデンス」「評価」の要素を総合させた、介護老人保健施設（以下、老健）における退所支援に求められる支援内容を検討する。本章における構成は、「課題」を構成する三つのカテゴリー（【退所先の方向性の決定】、【三要因間の不調和の結果】、【退所先へのマネジメント】）およびその下位カテゴリーに対応した支援方法やエビデンスの活用および利用者の家族に評価される支援のあり方を論じる。また、各項で述べる内容の概略や課題、支援方法、エビデンスの対応を**表8-1**から**表8-5**として図表化した。その目的は、実践者が本研究を参照し、自身の実践の点検やエビデンスの参照を行えるツールとしての活用を意図している。また、第8章においてエビデンスを活用する記述においては、分析結果の解釈や統計量の吟味などは省いているため、このような情報を参照する際には、第6章を参照し、さらには本研究をガイドに一次資料にあたる必要もあると考えられる。

各章の質的分析で構成されたカテゴリーのうち、大カテゴリーは【　】で示し、下位カテゴリーを〈　〉で示す。

1 　【退所先の方向性の決定】における支援

1 　【相互理解による入所合意を図る】

老健の実践においては、退所に向かう推進力は支援相談員と利用者・家族の間において〈退所に向けた暫定的な方向性とプランの提案〉に対する合意のもとにおいてなされることになる。そして、このカテゴリーは【相互理解による入所合意を図る】に属するものであるから、仮に「入所後3か月で在宅を目指す」という、一見、施設の運営的合理性をとったようにみえる〈方向性とプラン〉を立てたとしても、利用者・家族が自身の状況に適さないものと判断すれば、【入所合意】に至らず、稼働率における運営的なミッションをクリアすることは難しくなる。

また、この点を曖昧にして入所を案内し、入所後に退所を促進する体制をとれば、施設側からの支援相談員に対する退所促進（回転率の向上）

表8-1 【退所先の方向性の決定】における支援①

支援課題	支援方法	利用者家族の評価	活用されるエビデンス	エビデンス出典	支援の留意点
【退所先の方向性の決定】〈生活・介護負担の脅威性の感覚〉【相互理解による入所合意を図る】	〈本人のニーズを汲む〉		「家族の負担にならない介護サービスがあった場合」、多くの国民は要介護状態でも在宅生活を望んでいる。	厚生労働省（2010）	支援における基本的態度として、現実的な分析に基づいて利用者・家族に貢献することを志向したソーシャルワークを行うことこそが、自施設の運営的メリットを最大化していくことだと認識しておく。
			家族に迷惑をかけたくない気持ちから、要介護状態になった際には在宅希望より施設を望む国民のほうが多い。	内閣府（2010）	「家族の迷惑にならない」方法やあるいは、少なくとも、家族が合意できる程度の介護負担を模索しつつ、在宅復帰の可能性を検討していく。
	〈家族の現状認識と対処方針への働きかけ〉	【家族としての意思決定】〈家族成員のバランスを図った決定〉〈本人を含む家族が下す決定〉	介護負担感につながると考えられる、介護に対する否定的認識の下位項目としては「社会活動制約感」「介護継続不安感」が抽出されている。	広瀬（2005）	〈介護負担の脅威性の感覚〉が高い場合には、在宅生活日数を家族の負担感に合わせて調節した暫定的なプランを提示し、在宅復帰におけるハードルを下げておく。
			介護に対する肯定的認識の下位項目には「自己成長感」「介護役割充足感」「高齢者への親近感」がある。	広瀬（2005）	
			妻を介護する夫の社会活動制限感は、夫を介護する妻や母を介護する娘、義母を介護する嫁に比べると高くなる傾向がある。	岩田ら（2016）	
			義父を介護する嫁における社会活動制限感は義母を介護する嫁より高まる傾向にある。	岩田ら（2016）	
			夫を介護する妻の「自己成長感」は、妻を介護する夫より高い傾向がある。	岩田ら（2016）	
			特養申し込みを決定した老健入所中の家族に在宅介護の「十分なサービス」を説明しても、意向が変わる可能性は低い。	医療経済機構（2012）	
			介護負担感や介護肯定感に関するSSTによる心理教育においてはセッション直後には効果がみられたが、在宅復帰率の向上にはつながらなかった。	菅沼ら（2014）	
	〈自施設の機能と限界の提示〉				施設への入所に伴う、利用者・家族の負担と比較して、家族にとって在宅介護のほうが時間や身体的、精神的、経済的に負担が軽いということもありえる。こうした一方の負担についても家族に説明する必要がある。
	〈社会資源の活用により希望を開く〉	【本人と家族の生活の成立】〈家族の許容範囲内の予測介護負担感〉	家族の心配に対応するサービス説明のタイミングが遅れると、家族の在宅復帰に対する否定的意見が蓄積し在宅復帰困難を結論づける可能性がある。	吉田ら（2012）	サービスの標準的な活用において、在宅介護の〈脅威性〉が高くなるだろうとイメージする家族の〈脅威性の感覚〉に焦点を当て、特定の課題に強化している事業所や、利用者・家族の個別性にマッチングのよい事業所や支援者、および自施設の在宅療養機能の紹介を行っていく。
	〈退所に向けた暫定的な方向性とプランの提案〉	【家族の生活を損なわない退所準備】〈家族状況に即した退所準備〉			「入所後に本人の状態の変化や要望などをみながら、特養にするか在宅にするかなど一緒に考えていきましょうか」といった曖昧な計画が、家族にとっては〈家族状況に即した退所準備〉が提案されたという評価になる場合もある。
	〈入所中の課題の明確化と解決方法の検討〉				検討された方向性や計画に伴って生じる課題（利用者・家族の意向のすり合わせ、療養環境の整備等）を明確化し、その解決方法（外出機会の設定、自宅への訪問指導、決定時機の検討等）を検討する。

や在宅復帰率向上の期待と、在宅は困難と考えている利用者・家族との板挟み状況のなかでの検討が迫られる関係を招きかねない。このように調整の余裕がなくなってしまった段階では、要介護状態となり発言権の弱くなった〈本人のニーズを汲む〉ことは、支援相談員にとって自身の板挟み状況をさらに複雑化する要因にしかならなくなる。したがって、〈本人のニーズを汲む〉ためには、入所合意に至る以前に家族には〈本人のニーズを汲〉んでいく姿勢を明示しておく必要がある。また一方で、施設側には在宅復帰が困難な場合があることを織り込んだうえで入所合意を取りつける必要がある。つまり、支援相談員は支援における基本的態度として、現実的な分析に基づいて利用者・家族に貢献することを志向したソーシャルワークを行うことこそが自施設の運営的メリットを最大化していくことと考えておくことが必要である。

（1）-a 〈本人のニーズを汲む〉支援

【退所先の方向性の決定】においては、老健においては入所前の段階から〈本人のニーズを汲む〉という支援が展開され、〈社会資源の活用〉や〈施設の限界〉とともに、〈家族の対処方針〉を明らかにしていく支援が実施される。また老健においては、支援相談員が本人とは会っていない入所前の段階で開始されることも多い。したがって、家族が認識する本人意向から推定するほかは、一般的知見をエビデンスとして推定していくことになる。厚生労働省（2010）からは、多くの国民が要介護状態においても在宅生活を希求することがわかっている。また、松岡ら（2004）は老健入所中の利用者にかかる生活負担感の一つとして「集団生活の煩わしさ」があることを示している。しかし、これらをエビデンスに個別のケースにおいて「本人は施設ではなく自宅で過ごしたいと思っているはず」と考えるのは早計である。国民の多くが介護状態でも在宅で過ごしたいという意向があったという背景には、厚生労働省（2010）における質問項目には「家族の負担にならない介護サービスがあった場合」という前提があり、こうした前提のない内閣府（2010）の調査では、施設への入所を希望する人が在宅希望を上回ることにも留意すべきである。つまり、これらの調査からは「家族の迷惑にはなりたくはない」という思いによって、「自宅に帰りたい」という希望の潜在化や抑圧がなされているものと解釈される。したがって、〈本人のニーズ

を汲む〉ためには、「家族の迷惑にならない」方法やあるいは、少なくとも、家族が合意できる程度の介護負担を模索しつつ、在宅復帰の可能性を検討していくことも求められる。この際、適切に〈本人のニーズを汲〉んでいく支援が合意されれば、後々に【家族としての意思決定】が下せたという評価につながると考えられる。

（1）-b 〈家族の現状認識と対処方針への働きかけ〉

〈家族の現状認識と対処方針への働きかけ〉における初歩的な支援としては、家族にとっての介護負担を理解することである。家族が本人の動作を評価するための視点（基準）を付与することは利用者・家族の意思決定を支援する情報として有効である。また、家族の介護に対する不安や負担感を適切に聴取しアセスメントをするためには、家族の介護負担に伴うアンビバレントな思い（肯定的─否定的な認識）を理解する枠組み（広瀬ら，2005）や、その家族続柄ごとの傾向（岩田ら，2016）に基づいて、利用者・家族の語りを分析することや、当該概念を切り口に家族に質問をすることなどが必要となる。

また、〈本人のニーズを汲む〉、〈社会資源の活用により展望を開く〉、〈自施設の機能と限界の提示〉を"検討の枠組み"として、〈家族の現状認識と対処方針に働きかけ〉ていく。

（1）-c 〈自施設の機能と限界の提示〉

老健においては、終身型の施設ではない旨を説明し、利用者・家族には退所を前提に入所をしてもらう必要がある。

在宅介護の検討においても、介護者となる家族に〈介護負担の脅威性の感覚〉が生じるが、施設での生活を選択したとしても、介護負担が完全に免じられるわけではない。在宅生活では、特別なコストを必要としなかった衣類の洗濯・交換や、施設との交渉、経済的なやりくり、施設生活では本人との面会等に、家族の余暇や貯蓄、労力などを割かなくてはならないという日常的な介護負担がある。

また、老健では医療機関に入院した際には退所となることや医療機関の受診に実質的な制限があることなど、長期療養施設として制度設計がなされていない点がある。したがって、利用者の心身状況や健康管理の要望によっては、老健での長期療養は利用者・家族に対して将来への不安を生じさせるものとなる。

こうした負担は老健の〈機能と限界〉に由来し、場合によっては〈介護負担がコントロール〉された在宅復帰であれば、在宅介護のほうが時間や身体的、精神的、経済的に負担が軽いということもありうる。支援相談員はこうした一方の負担についても家族に説明する必要がある。

（1）-d　〈社会資源の活用により展望を開く〉

　〈家族の現状認識〉において、在宅復帰において課題となる介護負担が家族が行っている社会活動（就労や義理の親の介護、自身の通院等）と両立しないという「社会活動制約感」（広瀬ら，2005）があれば、課題は具体的であり、〈社会資源の活用〉による検討となる。しかし今日、介護保険サービスを知らない利用者・家族が多いとは想定できず、このような場で支援相談員が標準的なサービスの説明しか行わなければ、利用者・家族に対する十分な支援とはいえない。むしろ標準的な活用において、在宅介護の脅威性が高くなるだろうとイメージした家族の〈脅威の感覚〉に焦点を当てる必要がある。そして、地域の社会資源に精通する専門家として、特定の課題への対応を強化している事業所や、利用者・家族の個別性に適合する事業所や支援者、および自施設の在宅療養機能の紹介を行っていく。こうした情報を利用者・家族が知らず、また有益であった際には、利用者・家族にとっては〈介護負担がコントロールされた在宅復帰のイメージの醸成〉に伴い、新しい〈展望が開かれた〉とはいえ、家族の〈予測介護負担感〉に影響を及ぼすと考えられる。

（1）-e　退所に向けた暫定的な方向性とプランの提案

　入所前面接においては、〈自施設の機能と限界〉や〈社会資源の活用〉などの説明による"検討の枠組み"を提示し、〈家族の現状認識と対処方針への働きかけ〉までを行い、〈退所に向けた方向性〉を導出する相談支援を行う。在宅復帰への影響要因を分析した古川ら（2017）などを活用し、在宅復帰が見込めそうと推定した際には、初期的な段階で暫定的な方向性を導出することが有効だと考えられる。しかし、家族の負担感に利用者との関係性を含む葛藤などがあり、「介護継続不安感」（広瀬ら，2005）が優位な場合には、無理に〈退所に向けた方向性〉を導出しないほうがよい場合もある。家族が先行きの見えない不安によって〈生活・介護負担の脅威〉性が高い段階で、家族に結論を意識させれば、負のリスク回避を重視したコーピングが働き、「とりあえず長期施設入所」

という選択をしてしまうことを導きかねない。また、菅沼ら（2012）が示すように、介護負担感については心理的アプローチによって持続的に低減させることや転機に影響を及ぼすことは期待できないことから、説得や教育取り組みの効果が薄いことを留意しておく必要がある。そして、一旦施設入所の方向に意識が傾倒すれば、その後に、ADL等の機能が高まっても、家族の意向は翻りにくい（医療経済研究機構，2012）。したがって、例えば「入所後に本人の状態の変化や要望などをみながら、特養にするか在宅にするかなど一緒に考えていきましょうか」といった曖昧な計画が、家族にとっては〈家族状況に即した退所準備〉が提案されたという評価になる場合もある。

　そして、このような視点からは、紹介元の支援者（ケアマネジャーやMSW等）と家族で事前に決めていた方向性と計画を崩し、新たな計画を立てる必要もあるということである。さらに〈相互理解による入所合意〉にあたっては、このような施設側の支援のスタンスを家族に理解してもらう必要が生じることもある。

　また、家族が今後の本人の在宅生活を支えるうえで〈脅威の感覚〉が高じている場合には、在宅復帰をするためのハードルを低くした計画を提示しておくことが有効だと考えられる。老健の特徴においては、入所サービスやショートステイ、通所サービス、訪問リハビリなどのサービスを有し、支援相談員はこれらを動員する可能性をもつ。

　これらの老健の資源の動員により〈介護負担のコントロール〉を図るうえで注目されるのは、在宅生活日数を利用者・家族の状況によって調整できることである。例えば、同居の家族が平日は就労等により介護が困難であっても休日なら対応可能だという場合、毎週末は自宅で過ごし平日は老健で滞在するプランを構築することも可能である。あるいは日常的に在宅で過ごすことは難しいという場合でも、盆暮れやゴールデンウィーク等は家族とともに自宅で過ごすという計画も考えられる。このような〈プランの提案〉は、機を逸することで在宅復帰に否定的な認識に至りかねない（吉田ら，2012）ため、家族の〈脅威の感覚〉が高まる前の初期的な支援の段階で説明したほうがよいと考えられる。

　「3か月自宅で過ごせば再入所可能」という加算のメリットを最大限に確保する運用方法も考えられるが、臨床的に考えて3か月在宅で過

ごせる介護力がありながら、老健に再入所を希求するというケースを多く見積もることは難しいだろう。老健の都合で設定された在宅生活期間のハードルを越えることが難しく、【入所合意】に至らないことや〈膠着状況〉に陥ることと、介護報酬の初期的な加算を得ることとを天秤にかけてどちらが優先されるべきかは施設内であらかじめ検討しておく必要があるだろう。

（1）-f　入所中の課題の明確化と解決方法の検討

上記によって検討された方向性や計画に伴って生じる課題（利用者・家族の意向のすり合わせ、療養環境の整備等）を明確化し、その解決方法（外出機会の設定、自宅への訪問指導、決定時機の検討等）を検討する。ここでの検討内容は【家族の生活を損なわない退所準備】に影響を与えると考えられる。その詳細は、以下の項で述べる。

2　【退所意向を形成する支援】

（2）-a　〈日常的なこまめなかかわり〉

入所した利用者の〈変化する心身状況の評価〉のなかで利用者・家族が〈生活・介護負担の脅威〉をどのように感じているかは、〈日常的なこまめなかかわり〉のなかで情報提供やモニタリングをしていく必要がある。

家族の退所支援における評価項目において、【病後の回復における認識】として、〈可能な限りの身体的良好さが得られた認識〉や〈必要な生活動作の獲得の認識〉があるように、支援相談員は〈日常的なこまめなかかわり〉のなかで、本人の心身状況の変化についての情報提供を行うことが必要だと考えられる。家族が知りたい情報は、利用者が行える動作そのものだけでなく、退所するために十分な回復が得られているかという点であり、こうした評価は家族の介護力や〈社会資源の活用〉も規定要因となり、家族情報や社会資源情報を把握している支援相談員からの説明が家族にとって最も有効である場合もある。

また、利用者の施設生活においては、「集団生活の煩わしさ」という生活負担が生じている（松岡ら，2004）が、利用者の日常生活のなかで、集団生活におけるトラブルやストレス（他利用者との係争、スケジュール管

理されるストレス等）は家族に知ってもらう必要があり、〈日常的なこまめ
なかかわり〉のなかで継続的に実施される。

　そして、リハビリテーション等の医療的介入によりダイナミックに変
化していく時期には、利用者が感じる〈療養の場の選択におけるニー
ズ〉も短期間で大きく変化する。例えば、フレイルな状態や生活に支障
を抱えた状態で入所した時点では、基本的な介護や医療サービスが受け
られ、生理的欲求や安全の欲求が満たされることで満足し、「ここに
ずっとお世話になりたい」といった言葉を家族に伝えていても、やがて
老健のリハビリやケアによって身体が改善すると「ここは飯がまずい。
早く出たい」などと高次の欲求を目指す発言に変わるということは臨床
現場の日常である。こうした利用者の発言を聞くことで、家族の〈三要
因〉の相互関係が動揺することになる。あるいは利用者の心身や言動の
変化があってもほかの二要因のいずれかが固定している場合には〈三要
因〉の相互関係には変動がみられないこともある。医療機関における先
行研究（衣笠, 2015：158-162）では、患者が身体状況の変化に伴い在宅
復帰への思いをソーシャルワーカーが代弁しても、家族側は「多くを語
らず『無理です』というのみ」（p.160）であったという例もある。家族
の立場からすれば、在宅介護をする義務を家族が負っているわけではな
く、なにかしらそのように判断する家族史があったに違いない。反対に
ソーシャルワーカーにおいては、家族に対して本人のことを最も大事に
してほしいということも、家族史のうち本人に不利なエピソードだけを
消去するよう求めることもできない。したがって、ソーシャルワーカー
が行えることは、生じている事実を伝え利用者・家族がそれぞれもつ権
利（例えば、本人が老健を退所する権利や家族が本人の在宅介護をしない権利）と
義務（例えば、扶養義務）を整理するほかは、〈三要因〉のなかの変動性の
見極めと変動する見込みのもとに行う働きかけのみである。また、こう
した変動性はカンファレンス等の〈管理的なかかわり〉のなかでは見え
てこない点も多い。カンファレンスや設定された面談のなかでは、儀礼
的な所作や常識的な発言に終始しがちなことから、その家の潜在的な
ニーズや個性を理解する場に適しているとはいえない。

　一方、〈日常的なこまめなかかわり〉のなかでは、家族が面会の際に
利用者に地元で一番おいしいと評判のケーキを差し入れていたり、ある

いは利用者が自宅に電話しても着信拒否にされていたり等の出来事があり、日常の細部のなかには利用者・家族の関係性の相互作用やコーピングが豊富に宿っている。また、利用者に関するポジティブ・ネガティブな出来事を伝えた際の家族の表情・声色・発言内容などの反応がある。それに対し支援相談員が「なぜコンビニのケーキではないのか？」「本人が平行棒で立てるようになるとなぜうれしいのか？」「なぜ、面会に来てくれた家族に怒鳴るのか？」などと問えば、家族や利用者の個性が反映された返答があるだろう。それらを蓄積していくなかで「その家らしさ」が把握できるようになると考えられる。そして、それらの集積や演繹から、老健からの退所というストレッサーに利用者・家族がどのように対処していくかについても一定の予測が利くようになると考えられる。

　このようなかかわりは、すべての支援につながる根幹的な部分といえるだろう。ここで行われる情報提供は、利用者の〈心身状況の変化〉に対し、〈社会資源の活用〉をした際の介護者の負担など、利用者の心身状況における家族に対する「意味」が示されることになる。家族が欲しい意味ある情報とは、客観的な状態ではなく、〈可能な限りの身体的良好さが得られた認識〉や〈必要な生活動作の獲得の認識〉といった、利用者や家族にとっての意味を含んだ内容であり、家族情報や社会資源情報を把握している支援相談員が本人の心身状況を伝える最も適した立場という場合もある。

（2）-b　〈管理的なかかわり〉

　〈日常的なこまめなかかわり〉を通して得られた本人・家族情報をアウトラインに〈管理的なかかわり〉として、合同カンファレンスや退所計画書などにおいて退所先やそれに伴う支援内容を決定していく。

　〈管理的なかかわり〉においては、利用者・家族も参加する合同カンファレンスや書面での明示などが、退所先や退所時期、それに対する準備などを確定していくために用いられる。すなわち、〈三要因〉の変動性を低めることや固定させることである。ここでは、基本的には書面の取り交わしなどが行われ、老健も利用者・家族においても、決定事項を安易に反故にすることは難しい。しかし、難しいだけに〈管理的なかかわり〉において、利用者・家族に大きな無理が生じるような内容を支援

相談員が老健の運営的なメリットに迎合して、利用者・家族の決定を誘導してしまった場合、その歪みを当事者である家族側が矯正しようとすれば強い圧力が必要となる。そして、怒気を含んだクレームや他機関に

表 8-2 【退所先の方向性の決定】における支援②

支援課題	支援方法	利用者家族の評価	活用されるエビデンス	エビデンス出典	支援の留意点
【退所先の方向性の決定】〈変化する心身状況の評価〉〈療養の場の選択におけるニーズ〉〈生活・介護負担感の知覚〉	【退所意向を形成する支援】	〈日常的なこまめなかかわり〉／〈病後の回復における認識〉／〈可能な限りの身体的良好さが得られた認識〉	排泄動作の自立性および栄養状態や摂取する食事形態が在宅復帰を予測する視点となる。	古川ら（2017）	家族が知りたい情報は、退所するために十分な回復が得られているかという点であるが、こうした評価は家族の介護力や〈社会資源の活用〉が規定要因であり、家族情報や社会資源情報を把握している支援相談員からの説明が家族にとって有効である場合もある。
		〈必要な生活動作の獲得の認識〉	利用者本人の生活負担の一つには、現在の施設の生活のなかに「集団生活の煩わしさ」がある。	松岡（2004）	利用者の心身や言動の変化があってもほかの二要因のいずれかが固定している場合には〈三要因〉の相互関係には変動がみられないこともある。
		〈管理的なかかわり〉／〈家族の生活を損なわない退所準備〉			例えばカンファレンスでの検討内容については、施設側の運営的期待を背負いこみすぎず、現実的に成立する落としどころの見極めに焦点を当てていくべきである。
		〈自然の流れに任すかかわり〉			
	【在宅復帰を志向した利用者・家族と環境の交互作用を促進する支援】	〈本人のリハビリ意欲を高める〉			入所前後になされる自宅での訪問指導や外出・外泊などの機会において、本人が在宅生活にむけた具体的課題を実感することにより、施設内で漫然とトレーニングするのではなく、目的的にリハビリを行うことが期待される。
		〈家族の対処機能を高める〉／【介護に必要な技能の習得】／〈介護態度の醸成〉〈介護方法の習得〉	医療機関での脳卒中患者の退院にあたり構造的な介護指導が従来的な介護指導に比べて、退院 3 か月後の介護者の介護負担感の軽減につながった。	Kalraら（2004）	介護者が適切的な介護態度をめぐって悩む時期や、悩みを打開する偶然の邂逅などを気長に待つといった対応や、外出や外泊の繰り返しにより、「介護者スキルの蓄積」によって適応的な介護態度が自己発生的に醸成されることを待つという支援が必要な場合もある。
		〈在宅環境の応答性を高める〉／【本人と家族の生活の成立】／〈家族の許容範囲内の予測介護負担感〉			利用者が在宅復帰をした際に過去と同じように健康を損ねる可能性のある在宅環境の要因の除去を他職種と協働して行う。
		〈本人と家族の意思疎通を促進させる〉／【家族としての意思決定】／〈家族成員のバランスを図った決定〉〈本人を含む家族が下す決定〉			利用者・家族の双方の意見や意向を代弁することや、外出や外泊などの場を使って、利用者・家族が利用者の自律の状況を目の当たりにでき、かつ直接話し合うことができる機会（外出・外泊など）を設けるという方策がある。

よる調停的介入を招くなどにより、歪みが後々に顕在することにもなりかねない。したがって、ここでの決定事項や決定のあり方は、【家族の生活を損なわない退所準備】の評価に強い影響があると考えられる。支援相談員は例えばカンファレンスでの検討内容については、施設側の運営的期待を背負いこみすぎず、中立的な立場から、現実的に成立する落としどころの見極めに焦点を当てていくべきである。

（2）-c 〈自然の流れに任すかかわり〉

老健においては、計画的に入退所を繰り返すリピート利用の利用者や、介護経験があり〈家族の対処機能〉が高く、自身で居宅ケアマネジャーと連絡をとり、サービス調整を行える家族がいるケースもある。こうしたケースは、〈三要因〉のうち、〈療養の場の選択におけるニーズ〉や、〈生活・介護負担の脅威の感覚〉における固定性が高く、本人の〈心身状況が変化〉していても、〈三要因〉全体の変動性が低いケースといえる。こうしたケースでは、支援相談員が積極的にかかわらず〈自然の流れに任〉しつつ、〈日常的なこまめなかかわり〉において近況をモニタリングするのみでよい場合もある。あるいは、利用者・家族が進めたいように進められるところまでは当事者で実行し、困難な点や専門的な内容について支援相談員が調整を行うという実践でもある。こうした支援は、仮に利用者・家族側の手続きが難航したり、頓挫することを認められるという老健における時間的な余裕を前提に、利用者・家族の主体性を重んじることができる。

3 【在宅復帰を志向した本人・家族と環境の交互作用を促進する支援】

利用者・家族が納得する限りにおいて、老健からの退所先として望ましいのは、長らく過ごした居住空間であり、在宅復帰の可能性がある利用者がその機会を逸しないための取り組みは意義のある支援といえる。

（3）-a 〈本人のリハビリ意欲を高める〉

支援相談員は、家族とのかかわりのなかで、本人の心身状況がどのように変化したら、家族の〈介護負担の脅威性〉が低まり、〈社会資源の活用〉によって在宅復帰の可能性が高まるのかを評価できるようになっ

ている。つまり、リハビリテーションによる〈心身状況の変化〉について、本人に対しその意味づけを語るのは支援相談員が適していると考えられる。回復の状況により、在宅復帰の可能性が生じてきたことを本人が認識すれば、具体的な目標に向けてさらに精力的にリハビリに励むことが期待される。同様に、入所前後になされる自宅での訪問指導や外出・外泊などの機会において、本人が在宅生活にむけた具体的課題を実感することにより、漫然とトレーニングするのではなく、目的的にリハビリを行うことが期待され、こうした場を設定することは〈本人のリハビリ意欲を高める〉支援として意義がある。

(3)-b 〈家族の対処機能を高める〉

　家族に対しては、介護指導の企画や社会資源の活用方法などを教示していくことにより〈家族の対処機能を高める〉支援が実施される。Kalra ら（2004）では、入院中の介護指導の充実度が退院してからの介護負担感に影響があるとしており、老健においても必要十分な介護指導を入所時に実施しておくことは、退所後の介護者の介護負担の増加を予防することにもなると考えられる。

　そして、〈介護方法の習得〉や〈介護態度の醸成〉は家族による退所支援ソーシャルワークの評価項目でもある。〈介護方法の習得〉は方法の伝授であり、医療機関はもちろん老健においても従来的に行われてきた。しかし、〈介護態度の醸成〉は心理的な側面を含み、支援相談員によって、例えば「がんばらない介護」など特定の心理状況を短期的に導けるとは想定できない。しかし老健においては、介護者が適応的な介護態度をめぐって悩む時期や、悩みを打開する偶然の邂逅などを気長に待つといった対応も可能である。また、外出や外泊の繰り返しにより、「介護者スキルの蓄積」（木下，2009）によって適応的な介護態度の自然な醸成を待つことを意図した支援なども考えられる。

(3)-c 〈在宅環境の応答性を高める〉

　〈在宅環境の応答性を高める〉においては、自宅内の環境において、老健入所の原因である〈生活困難となった誘因〉を評価したり、在宅復帰するうえで支障となる環境要因を除去したりしていくことが含まれる。ここでは、段差の解消や手すりの取り付けといったことだけでなく、例えば、糖尿病の悪化で入所した利用者において、「常にお茶請け

がちゃぶ台においてある」、嚥下機能が低下し誤嚥性肺炎を起こした利用者において、「本人のお気に入りのいすでは首が後屈してしまう」など、利用者が在宅復帰をした際に過去と同じように健康を損ねる可能性のある在宅環境の要因を除去することも〈応答性を高める〉支援と考えられる。このような他職種と協働して行う評価ポイントは利用者・家族の状況により多様である。

　そして、こうした取り組みのなか〈社会資源の活用〉等により〈在宅環境の応答性を高め〉、利用者・家族の〈生活・介護負担の脅威の感覚〉へのアプローチができ、〈家族の許容範囲内の予測介護負担感〉に影響すると考えられる。

（3）-d　〈本人と家族の意思疎通を促進させる〉

　〈リハビリ意欲〉の高まった利用者の〈心身状況の変化〉や、〈対処機能〉が高まった家族においては、利用者と家族が双方に読み合う利用者の〈生活負担〉と家族の〈介護負担〉については、入所前や入所時点で見えていた景色とは変化が生じるはずである。

　また、支援相談員は利用者・家族間において〈生活・介護負担〉を双方に読み違え、乖離が生じたままにすれ違い、葛藤が生じないように、【意思疎通を促進させる】支援を行う。その方法は、〈日常的なこまめなかかわり〉において、利用者・家族の双方の意見や意向を代弁することや、外出や外泊などの場を使って利用者・家族が本人の回復の状況を目の当たりにでき、かつ直接話し合うことができる機会を設けるという方策もある。こうした支援により、利用者・家族間において【退所先の方向性】における意見が調整され、【家族としての意思決定】に至ると考えられる。

４　【施設での長期療養生活の支援】

　退所支援としての【施設での長期療養生活の支援】においては、〈特別養護老人ホーム〉と〈民間介護施設〉への入所支援で構成された。その手続き面において課題となるような点やエビデンスの参照が求められる点は想定されなかったが、両者において〈療養の場の選択におけるニーズ〉に対応する施設の選定においては支援相談員としての支援を検

表 8-3 【退所先の方向性の決定】における支援③

支援課題	支援方法	利用者家族の評価	活用されるエビデンス	エビデンス出典	支援の留意点
【退所先の方向性の決定】	〈療養の場の選択におけるニーズ〉	【施設での長期療養生活の支援】	〈特別養護老人ホームへの入所支援〉	〈本人らしい生活〉 / 〈家族の許容範囲内の予測介護負担感〉 / 〈経済的成立〉 / 【本人と家族の生活の成立】	家族が特養申し込みにあたって望むものとして、「いつも見守っていてくれる」(75.3%)、「最後まで見られる」(72.4%)、「料金が安い」(65.6%)、「自宅から近いので家族が面会に行きやすい」(60.8%)のように、家族負担の抑制につながる項目が高く、「話し相手がいる」(50.1%)、「職員が親切で感じがよい」(40.8%)、「食事がおいしい」(20.8%)の順であった。	医療経済研究機構(2012)	基本的に特養の申し込みにあたっては、利用者・家族の居住地近隣の施設が選好されるのは必然的なことだが、希望する特養には入居できない場合があることにも留意する。
					利用者と子との接触頻度の多さは、利用者の家族に対する肯定的な認識に影響する。	梁(2007)	
					利用者が、子との間で情緒的・手段的なサポートの授受ができていると思うことは、利用者の主観的幸福感に影響を及ぼす。	梁(2007)	「とりあえず」申し込んだ特養については、入居案内が来た時点で、利用者・家族が入居を拒否する事態を招くおそれがあり、現実的な入居に至る特養の選定や協議を行っておく必要がある。
					ユニット型と従来型特養の入居者の「生活意欲」において、ユニット型のほうが有意に高いという項目は認められなかった。	壬生(2011)	
			〈民間介護施設への入所支援〉	〈本人らしい生活〉	利用者の総合的生活満足度に対する最も高い説明変数は、「施設職員の態度」であり、次いで、食事および入浴から構成される「サービス」である。	神部ら(2002)	民間介護施設の申し込みにあたっては、利用者の終身入居等のニーズとマッチングした施設かどうかに留意する。
					民間介護施設への住み替えを検討する者のなかには、看取りへの対応を希望する者が多い。	全国有料老人ホーム協会(2014)	
					民間介護施設への申込者の多くは終の棲家を求めているが、実態は死亡まで入居しているケースは特養と比して多いとはいえない。	PwCコンサルティング合同会社(2018)	要介護度が軽度のなか、利用者・家族が自発的あるいは積極的に同施設を検討していないケースにおいては、支援相談員が同施設を推奨し、安易に在宅を諦めさせてしまう対応は適切でない場合もある。
					終末期の看取りまで行うと明示している民間介護施設では、入居後の利用者の満足感につながっている。	野口(2011)	

討しておく必要がある。

(4)-a 〈特別養護老人ホームへの入所支援〉

　要介護者における〈本人の幸福の追求〉においては「家族との交流」が最も大きな要素だと考えられ（三好ら，2009）、また家族間の情緒的サポートの授受の重要性（梁，2007）を考えれば、基本的に特別養護老人ホーム（以下、特養）の申し込みは、利用者・家族の居住地近隣の施設が選好される（医療経済研究機構，2012）のは必然的なことである。また、従来型特養の費用は一般に老健入所費用より安く、家族が特養申し込み

にあたって重視する項目の一つでもある（医療経済研究機構, 2012）。したがって、地域の特養への入所が適うような段取りを検討することが、〈本人らしい生活〉や〈家族の許容範囲内の予測介護負担感〉、〈経済的成立〉という評価につながるとも考えられる。

　しかし福祉医療機構（2018）で明らかになっているように、申し込んだ特養に必ずしも入居できるとは限らず、特養の入居者の選考において利用者の心身状態の悪さは除外される要因の一つとされる。したがって、地域で活動する支援相談員においては、周辺の特養がどの程度の心身状態の受け入れを可能としているかは、社会資源情報として日常的に情報収集しておく必要がある。そしてその情報は、個々の利用者のケースの時間的経過によって変動するものではない。つまり、〈療養の場の選択におけるニーズ〉が最初に固定されるケースも生じえる。したがって、近隣の特養への入居申し込みを希望する利用者・家族の主訴と、利用者の心身状況に基づく現実的な受け入れ可能性を鑑みる必要がある。そして、受け入れが適わなかった際の家族の対処方針を家族とシミュレーションしたり、〈自施設での長期入所の支援〉の可能性について、長田ら（2011）などを活用した評価を行い、特養の申し込み先を検討していくべきである。

　また、こうした見解からは、老健申し込み前に家族とケアマネジャー等が協働し、苦心の思いで申し込みをした特養の成立見込みが低ければ、老健として「それは認められない」と場合によって異を唱えることにもなりえる。それはクライエント（利用者・家族）を一時的にパワーレスな状態に陥らせることから、支援相談員においては思慮深い面接構成が求められるだろう。しかし、「とりあえず入所」を認めれば、特養の選定対象から外れていることを推定する根拠は入所後に長期の時間が経過したことであり、その時点で退所を促進したならば、適切な療養先がない状態で退所を迫ることになり、「追い出し」という形容句がふさわしくなる。また、利用者・家族が望まなくなった特養への移転を「約束だから」と退所への重圧をかけていくことも同様でそれは支援とはいえないだろう。つまり、「とりあえず」を認める入所前面接の時点での支援相談員の優しさや不作為は、結局的には「追い出し役」を引き受けることになるということである。入所前面接における相互理解が伴わなけ

れば入所合意に至らないという緊張感のなかで、「とりうる手段の中で何が利用者と家族にとって最善なのか」ということを突き詰めていくソーシャルワーク本来の機能が求められるだろう。

また、壬生（2011）からは、ユニット型の特養と従来型の特養の選定においては、両者の環境や経済的負担の違いについての利用者・家族の選好に専ら委ねればよいと考えられる。

（4）-b 〈民間介護施設への入所支援〉

民間介護施設の選定においては、富裕層の特別なニーズを満たすサービスを有する施設や特養待機をせずに有料老人ホームへ入居するケースでは、支援相談員が仲介的にかかわる福祉的な課題が多いとは想定されず、その要望が確認された後は〈自然の流れに任すかかわり〉でよいと考えられる。

ただし、入所後の利用者の生活への満足感に影響を及ぼす要因に「職員の態度」や「食事や入浴サービス」が挙げられている（神部ら，2002）が、この点は施設の選定段階における利用者・家族の選好項目とは一致しないこと（医療経済研究機構，2012）に留意すべきであり、あらかじめ利用者や家族に乖離が生じやすいことを伝えておく予防的な支援は必要である。また、利用者は特に終の棲家としての安心感を求めていると考えられる（全国有料老人ホーム協会，2014）。こうした要因の見極めにおいて、民間介護施設の営業担当職員の説明や体験入居や食事会など施設側が設定した取り組みは、集客的な対応が含まれていると考えるべきである。したがって、施設における看取り件数の割合の開示を求めることや、営業担当でない職員の応対を知るために声を掛けてみること、食事の提供体制（自施設内の調理 or セントラルキッチン、外部委託先等）の把握を行うようアドバイスをすることなどが支援として考えられる。利用者・家族が納得のいく生活環境のある施設の選定ができれば、〈本人らしい生活〉が送れそうだという評価にもつながると考えられる。

また、在宅復帰が困難と考えられ、かつ特養への入居要件を満たさない、比較的軽度な利用者においては、サ高住や住宅型有料老人ホームなどの民間介護施設が選定対象になると考えられる。しかしこれらの施設は、基本的には重度化した際には住み替えを前提とした施設も多い。民間介護施設への申込者の多くは終の棲家を求めているが、実態は死亡ま

で入居しているケースは特養と比して多いとはいえない（PwCコンサルティング合同会社，2018）。要介護度が軽度の者における生活ニーズから、終末期に至るまでの介護体制を整備した介護施設は一般に高額で多くの高齢者は入居が難しい。また、施設に支払う高額の介護費用を在宅介護に充当すれば在宅で手厚い介護体制を敷くことも可能と考えられる。したがって、要介護度が軽度のなか、利用者・家族が自発的あるいは積極的に同施設を検討していないケースにおいては、支援相談員が同施設を推奨し、安易に在宅を諦めさせてしまう対応は適切でない場合もある。

2 │ 【三要因間の不調和の結果】における支援

1 【施設での長期療養生活の支援】への判断

　【退所先の方向性の決定】において【三要因間の不調和】に至れば、〈本人と家族の希望する生活の葛藤〉が生じたり、現実的とはいえない〈成立見込みの低い長期療養計画〉によって退所に至ることは難しくなる。こうした局面で第三者が仲介的に介入しても功を奏するとは考え難く、支援相談員においては、両者の交互作用の促進を図り、葛藤の解決が生じるかを見極める支援が考えられる。

　しかし、時間的な経過により利用者・家族は老健での生活に適応していくため、環境の変化を起こすよりも老健での生活を継続したいという〈療養の場の選択におけるニーズ〉が生じる。そして、利用者・家族が【退所先の方向性を決定】する意欲を失えば、〈膠着状況：しばらくおいてほしい〉に至ることになる。これに対し、支援相談員は〈自施設の機能と限界の提示〉により、【施設での長期療養生活の支援】として他施設への移動を勧める（自施設での長期療養を認めない）か、〈自施設での長期入所の支援〉の岐路で臨床判断を行うことになる。

　他施設への移動を望まない利用者・家族において、福祉的なニーズを汲み取るとすれば、移動に伴うリロケーションダメージによって利用者へ身体的なダメージが加わることが挙げられる。しかし、小松ら（2013）で示されたように、長期療養施設に移動後のリロケーションダ

メージが推定され、身体機能の低下を起こした入居者は多いとはいえない。したがって、利用者の老健入所後、生活に適応したなかで、移動後の生活には適応しないと考える根拠にはならないと考えられる。

② 〈自施設での長期入所を支援〉

　前項では、主として三要因間を収束させ、〈膠着状況〉に至らないことを目的の一つとした支援を論じてきた。しかし、老健における退所先には、在宅や特養、いくつかの民間介護施設のほかに考えられる退所先は少ない。したがって、どのような取り組みをもってしても、退所先が設定できない場合はある。例えば、入所時点から疾患や心身状態の重症度が高く、在宅復帰や他施設に入居することが難しいような場合である。こうした展開が予見されるケースの入所案内を完全に排除したうえに成立する施設運営であれば、老健の社会的な存在意義にもかかわる。また、そのような前提から、現在の老健には、長期入所に対する強いペナルティが法制度上にあるわけではなく、運営的に問われるのはその割合である。

　また、例えば希望する特養への入居が困難と目されるなど、〈療養の場の選択におけるニーズ〉に対し適合する社会資源がなく、遠方の施設では面会頻度が減少することなどは、利用者・家族にとっては切実な問題となることもあり、利用者・家族の幸福感に影響することは前項で述べた。切実であればすべての要望を受け入れるという対応も現実にはできないが、長田ら（2011）を参照すれば、在宅では過ごせない程度に重度者の場合には長期入所の場合でも、老健の平均在所日数を踏まえれば可能な場合もあると考えられる。したがって、この点に個々の状況に対する臨床判断が求められることになる。

　利用者・家族の〈療養の場の選択におけるニーズ〉として、「高度医療を受療しながら療養したい」「延命医療を受けさせたい」などの老健の〈機能と限界〉を超えたニーズを有する際には、老健での長期療養は不適なこともある。例えば胃ろうを造設した場合には数年単位での延命効果を得ることも少なくない（居川ら，2013）。支援相談員は〈自施設の機能と限界の説明〉をしつつ、積極的に〈自施設での長期入所〉に向け

表 8-4 【三要因間の不調和の結果】における支援

支援課題	支援方法	利用者家族の評価	活用されるエビデンス	エビデンス出典	支援の留意点
【三要因間の不調和の結果】	【施設での長期療養生活の支援】	〈本人と家族の希望する生活の葛藤〉	老健入所中の利用者家族においては、「とりあえず」特養に申し込みつつも、特養から入居案内を受けた際には入居したくはないと考えていることも多い。	医療経済研究機構(2012)	葛藤が生じている場合に、第三者の仲介的な介入が功を奏するとは考え難く、両者の交互作用を促進する場を設けるなどの支援を行う。
		〈成立見込みの低い長期療養計画〉	特養申し込みを行っても、医療的ケアの必要性や認知症の悪化があるケースでは、待機をしているつもりでも入居案内は来ない可能性もある。	福祉医療機構(2018)	
			長期療養のなかで在宅復帰のチャンスを探していく実践。	加藤(2014)	
			長期療養施設に移転後にリロケーションダメージの可能性がある身体機能の低下を起こした入居者は少なかった。	小松ら(2013)	リロケーションダメージの観点からは、他施設の移転を行わない判断にはならない。
	自施設での長期入所を支援	〈膠着状況：しばらくおいてほしい〉	要介護4および5の要介護者の50％生存率となる期間は約3年であった。	長田ら(2011)	心身状況が重度である要介護者の場合においては、自施設からの退所は困難という見極めのもと、積極的な〈自施設での長期療養の支援〉が現実的な支援方策として必要な場合もある。
			胃ろうを造設した場合の50％生存率となる期間は約2年であった。	居川ら(2013)	

た支援を展開していくべきである。また老健と利用者・家族との長期療養の取り決めの根拠が信頼関係のなかにしかないことを踏まえれば、利用者・家族の老健での長期療養の希求の高さを施設への信頼感につなげる支援も想定できる。したがって、この支援は単なる慈善的支援ではなく、事業運営にとって現実的で不可欠な支援であるとも考えられる。

3　【退所先へのマネジメント】における支援

1　【その家らしい在宅生活への支援】

（1）-a　〈療養環境の整備〉

　本研究では、〈基本的な生活の成立〉として「食事」「排泄」「睡眠」「保清」「移動」「安静」「医療」「経済」の8項目の課題を示した。これらの項目と退所に向けた本人の心身状況を対照させて、本人の自立性を評価し、不足している点には家族対応や公的サービスによる補完が可能かどうかを検討する。そして、すべての項目が成立していれば、退所後

の基本的な生活は成立すると考えられ、【本人と家族の生活の成立】という評価に至ると考えられる。

　しかし、評価項目が多岐にわたれば、そのうちのどれかが検討の俎上から漏れることもあり、退所間際になり、「独居生活だが、内服管理はいままで施設が行ってきた」「電気料金の支払いは誰が行うのか」などの段取りの不備が生じるおそれもある。こうした混乱によって支障が生じれば、〈本人家族にとって計画的な準備〉がなされたとはいえない。したがって、退所に向けた具体的手続きが開始される前段で、第6章の**表6-1**のようなシートを用いて、こうした検討を作業的に行う必要がある。

　〈生活困難となった誘因への対処〉における〈療養環境の整備〉についても、【本人と家族の生活の成立】にとって不可欠な支援である。入所・退所前後になされる訪問指導において、居宅の環境を評価した内容を具体化していく。誤嚥性肺炎を例とすれば、訪問歯科診療の有効性に関するエビデンス（日本老年医学会他，2019）などが活用でき、口腔ケア実施のリスクが低く、コスト負担の問題がなければ訪問歯科診療の導入を提案する支援が考えられる。また、このような医療と福祉サービスの両者に係る内容の科学的知見は膨大にあると見込まれ、医療職と協働でのアセスメントやエビデンスの吟味を通し、多岐にわたるエビデンスを探索、活用していくことで専門性の高い支援が実施できると考えられる。

　〈本人の幸福の追求に向けて〉に対する〈療養環境の整備〉については、三好ら（2009）において、要介護状態にあっても家族や友人との交流などの人間関係に楽しみを見出すことが示されており、安定した生活が送れるよう、ソーシャルサポートの体制の維持や地域住民とのニーズの共有などを図る支援が検討されることで、要介護者の幸福な生活の基盤づくりに貢献するといえるだろう。また、三好ら（2009）においては介護保険の具体的サービスとして、デイサービスを「楽しみ」として挙げた要介護者が多く、介護者のレスパイトのみでなく、利用者本人が楽しいと思える事業所の選定は、〈本人の幸福の追求に向けて〉の支援として位置づけられる。そして、在宅か施設での生活を問わず退所後の生活において本人に楽しみがあると感じられれば〈本人らしい生活〉が送れ

表 8-5 【退所先へのマネジメント】における支援

支援課題	支援方法	利用者家族の評価	活用されるエビデンス	エビデンス出典	支援の留意点
【退所先へのマネジメント】〈基本的な生活の成立〉〈生活困難となった誘因への対処〉〈本人の幸福の追求に向けて〉	〈療養環境の整備〉	【家族の生活を損なわない退所準備】〈本人家族にとって計画的な準備〉	本研究では、「食事」「排泄」「睡眠」「保清」「移動」「安静」「医療」「経済」という項目により構成された。	本研究	退所に向けた具体的手続きが開始される前段で、〈基本的な生活の成立〉に対する検討を作業的に行う必要がある。
		【サポートの整備】	在宅療養の患者においても口腔ケアの肺炎発症リスクの抑制が期待できる。	日本老年医学会他(2019)	
		【本人と家族の生活の成立】〈本人らしい生活〉	要介護者が楽しいと感じられた出来事には、【「家族との交流を通して」の楽しみ】【「友人との交流を通して」の楽しみ】【「介護保険サービスの利用を通して」の楽しみ】【「日常の中の出来事や暮らしそのもの」に関する楽しみ】の4つのカテゴリーがあった。	三好ら(2009)	安定した生活が送れるよう、ソーシャルサポートの体制の維持や、地域住民とのニーズの共有などを図る支援は、〈本人の幸福の追求に向けて〉としての意義もある。
【退所先へのマネジメント】〈生活・介護負担の限界評価〉	【その家らしい在宅生活へのマネジメント】〈介護負担のコントロール〉	【本人と家族の生活の成立】〈家族の許容範囲内の予測介護負担感〉	脳卒中患者の家族介護者においては、ソーシャルサポートの乏しさや、精神的状態の悪化と介護負担感の増悪との間の関連性があった。	杉田ら(2016)	支援者が〈療養環境の整備〉として教条的に課題を山積させれば、〈生活・介護負担の限界〉を超えることにもなりかねない。そこで支援相談員は、必要不可欠な点と必要だが目をつむる点を【その家らしさ】のなかで利用者・家族と検討していくことが求められる場合もある。
		【サポートの整備】	サービス利用が介護者のスケジュールの拘束やサービスへの順応が求められることで二次的な負担をも生じさせ、「介護者スキル」が求められる。	木下(2009)	ソーシャルサポートが不足すれば、介護負担感は増悪するが、サービスを利用すればスケジュールの拘束など二次的な負担が増え、退所直後のサービスの導入量や増減を判断する時期は利用者・家族の個性に基づき検討する必要がある。
			「外的資源」としての「訪問看護の利用」が「肯定的評価」としての「社会活動制約感」への緩衝効果を示した。	広瀬ら(2007)	在宅介護サービスにおける負担のコントロールにおいては、負担感の軽減ではなく負担感の増悪への緩衝効果であり、介護者の負担感が減じられているかが在宅退所後のモニタリングの対象ではなく、増悪の程度やそれが〈生活・介護負担の限界〉の範囲内かが支援相談員の評価対象となる。
		【本人と家族の生活の成立】〈経済的成立〉	収入を年金に頼る高齢者世帯においては相対的剥奪指標に該当する世帯が多く、特に単独世帯の場合、多くの高齢者は経済的な配慮を要する。	斉藤(2014)	介護サービス費用の捻出に、月々の家計や預貯金の切り崩しではなく、食費や医療費の節約などへの言及がある際には、導入するサービス量については必要最低限の見極めなど、慎重な検討が求められる。
			介護保険の自己負担分以外の介護費用について、要介護1～5の中央値では、約15000～30000円のレンジに収まる。	田中(2017)	
	〈自施設の資源を動員〉	【本人と家族の生活の成立】〈家族の許容範囲内の予測介護負担感〉			老健の在宅療養支援機能(入所、短期入所、通所、訪問リハビリサービス)を用いて「再入所の保証」等、利用者・家族の〈療養環境の整備〉および〈介護負担のコントロール〉の支援にあたっていく。

そうだという評価に至ると考えられる。

（1）-b 〈介護負担のコントロール〉

〈介護負担のコントロール〉では、入所初期の段階で醸成された「負担がコントロールされた在宅復帰のイメージ」を具体化していくことになり、〈家族の許容範囲内の予測介護負担感〉の評価につながる支援となる。

利用者が生活を送るための〈基本的な生活の成立〉や〈本人の幸福の追求に向けて〉と利用者・家族の〈生活・介護負担の限界の評価〉は"バランス"の関係にあり、支援者が〈療養環境の整備〉として「利用者の在宅生活には～と～が必要だ」と教条的に課題を山積させれば、〈生活・介護負担の限界の評価〉を超えることにもなりかねない。そこで支援相談員は、必要不可欠な点と必要だが目をつむる点を【その家らしさ】のなかで利用者・家族と検討することが求められる場合もある。

また、ソーシャルサポートの乏しさと介護負担感の増悪との間に関連性があるという報告（杉田ら, 2016）がある一方で、公的なサービス利用によって、介護者にスケジュールの拘束やサービスへの順応が求められることで二次的な負担感をも生じさせうるという報告（木下, 2009）もあることを踏まえて、退所直後のサービスの導入量や増減を判断する時期は検討する必要がある。介護者の個性として、日課の管理などが不得手でない場合には、退所直後には可能な限り多くのサービス導入を図り、介護の直接的な負担を減らしておくことが有効な場合もあると考えられる。しかし、介護者自身に物忘れなどがあり、日課の管理に困難を抱えている場合等には、サービス導入量を抑えておくという支援や、「介護者スキルの蓄積」（木下, 2009）が図られてくるまでは、初期的な在宅復帰は短期間なものとし、負担自体を減らしておく支援などが考えられる。

また、在宅介護サービスによる負担のコントロールにおいては、負担感の軽減ではなく、負担感の増悪への緩衝効果（広瀬ら, 2007）に焦点を当てることが考えられる。したがって、介護者の負担感がサービス導入前と比べ減じられているかが在宅復帰後のモニタリングの対象ではなく、増悪の程度やそれが〈生活・介護負担の限界の評価〉の範囲内かが支援相談員の評価対象となる。

そして、〈介護負担のコントロール〉においては、家族の評価項目として〈経済的成立〉が挙がるように、経済的な負担についても重要な要因である。収入を年金に頼る高齢者世帯においては相対的剥奪指標に該当する世帯が多く、特に単独世帯の場合には、多くの高齢者は経済的な配慮を要する（斉藤ら，2014）。

したがって、サービスの導入の際には在宅介護における介護費用の目安を提示する支援がまず必要である。田中（2017）では介護保険の自己負担分以外の介護費用について、要介護 1〜5 の中央値では、約 15000〜30000 円のレンジに収まることが示されている。これを基準として「これくらいの介護サービスを導入した場合、家計のやりくりはできそうか？」と聞いた際に、食費や医療費の節約などへの言及がある際には導入するサービス量についての必要最低限の見極めなど、慎重な検討が求められる。

（1）-c 〈自施設の資源の動員〉

〈自施設の資源の動員〉では、老健の在宅療養支援機能（入所、短期入所、通所、訪問リハビリサービス）を用いて利用者・家族の〈療養環境の整備〉および〈介護負担のコントロール〉の支援にあたっていく。また、支援相談員によっては自法人内の居宅支援サービスや医療機関への入院支援など多彩なサービスを対象者に優先的に動員する可能性をもち、支援相談員は自身がもつ非常に強い権限について自覚的である必要がある。特に、「再入所の保証」という支援は家族の在宅介護負担を許容範囲に収める直接的な支援となり、「家族の迷惑にならない方法があれば自宅で暮らしたい」という利用者の願いを叶える支援といえる。

また、事業運営としても、入所と退所を交互に繰り返すという施設利用がカスタマー化していく利用者が増えることで、老健の在宅復帰率と稼働率の安定的な確保にもつながる。その余裕のなかで病院への入退院の繰り返しが余儀なくされることが予測されるケースの受け入れなども行える施設を育んでいくことができると考えられる。このように再入所を前提として積極的にそれを保証していく老健における支援は、医療機関においてみられるような、短期間での再入院事例を「失敗事例」（林，2019：70）と位置づけざるをえない状況とは対称的である。

そして、老健がバックアップに入った安全な在宅療養生活が営めれ

ば、先の見えない介護への脅威や家族関係が飽和した末の虐待などを抑制する効果をもたらすだろう。各々の家庭の精一杯の結果としての短期的な在宅生活の価値について、臨床現場の福祉関係者が施設側の運営的意義のみを引き出し、こうした支援に協力が得られないことも想定される。しかし、こうした福祉関係者の価値観や都合に迎合するのではなく、利用者・家族本位の支援が展開されるよう、〈自施設の資源の動員〉（例えば自法人のケアマネジャーとの連携）や社会資源の開拓等も含めて検討していくべきである。

　また、限定的な在宅生活から開始し、利用者・家族がその介護負担と介護者の「介護者スキル」を実感し適切な在宅生活日数を認識することによって、段階的に在宅生活日数が延長し、やがて「介護者スキルの蓄積」とともに生活の基盤を在宅に移行することも期待できる。

第 9 章

結論と課題

本研究は退所支援の ソーシャルワークに資する研究か

1 本研究目的の達成状況

1 RQ1：「退所支援における利用者・家族の支援課題とは何か?」 について

RQ1：「退所支援における利用者・家族の支援課題とは何か?」に対しては、第4章において、研究協力を得たケース41件によるデータにより、利用者・家族に対するソーシャルワーク支援の課題が質的分析により構造化された。その結果、【退所先の方向性の決定】【三要因間の不調和の結果】【退所先へのマネジメント】の三つの大カテゴリーとその下位の13の小カテゴリーからなる構造が示された。

【退所先の方向性の決定】においては、〈変化する心身状況の評価〉、〈生活・介護負担の脅威の感覚〉、〈療養の場の選択におけるニーズ〉の三要因が変動性をもち、相互規定する構造が論じられた。本構造に基づけば、例えば、「病前同様までに ADL が高まった利用者の在宅復帰をなぜ家族は認めないのか」などの多様な臨床例を説明することにつながると考えられる。

また、【三要因間の不調和の結果】においては、【退所先の方向性の決定】との因果関係として示されており、〈成立見込みの低い長期療養計画〉、〈本人と家族の希望する生活の葛藤〉、〈膠着状況：しばらくおいてほしい〉が生じることが示された。つまり、これらの課題が生じるとき、その原因は〈三要因間の相互規定構造〉のなかでの課題が解決していないことに求めうることになる。

そして、【退所先の方向性の決定】に伴い、退所先に対する具体的準備として【退所先へのマネジメント】に関する課題が示された。また、

小カテゴリーとしては〈生活・介護の方針〉や〈基本的な生活の成立〉、〈生活困難となった誘因への対処〉、〈本人の幸福の追求に向けて〉、〈生活・介護負担の限界の評価〉、〈退所手続きの遂行〉という退所の検討において不可欠な要因が明示されている。

　各カテゴリーは類型を示したものであり、退所支援において必ず生じる事態が示されたものではないため、実践の定式的なガイドができるものではない。しかし、第2章で述べたように、理論を相対化のツールとして、ある課題が起きえるという留意点が実証的に示されることは、その確度が曖昧であっても、実践においてリスク回避や面接の構成を考えるうえでの有用性を見出すこともできる。そして、本章で構成されたカテゴリーは、本研究の第6章や第8章において、臨床上の疑問（Clinical Quesiton（以下、CQ））の導出や、論述の構成枠組みとしても機能している。

2　RQ2：「退所支援にはどのような方法があるか?」について

　RQ2に対応して第5章では利用者・家族に対するソーシャルワークについての支援方法が構造化され、五つの大カテゴリーとその下位に19の小カテゴリーが構成された。

　【施設と家族間の退所への相互理解による入所合意を図る】では、〈本人のニーズを汲み〉つつ、家族に対しては〈介護負担のコントロール〉された在宅復帰のイメージが生じるように〈社会資源の活用により展望を開く〉ような〈プランの提案〉が図られる。また、直接的な支援とはいえないが、〈自施設の機能と限界の提示〉を踏まえて検討の枠組みを形成し、〈家族の現状認識と対処方針への働きかけ〉を行っていく。そして、利用者・家族と支援相談員の間に【成立した入所の合意】および〈暫定的な方向性とプラン〉をもとに、入所中には様々な退所にむけた支援が提供される。

　次に、【退所意向を形成する支援】においては、〈管理的なかかわり〉、〈日常的なこまめなかかわり〉、〈自然の流れに任すかかわり〉というように、入所後の「かかわり方」として三類型が示された。

　そして、【意向を形成する支援】のうち、【在宅復帰を志向した】アプ

ローチが構成された。支援相談員は〈本人のリハビリ意欲を高める〉や〈家族の対処機能を高める〉という支援において個人要素の変化を促している。そして〈在宅環境の応答性を高める〉支援において環境面の障壁を軽減しながら、〈本人と家族の意思疎通を促進させる〉という支援においてメンバー内の交互作用の促進が図られている。

　在宅復帰が困難な場合においては、【施設での長期療養生活を支援する】として、〈自施設での長期入所を支援〉や、〈特別養護老人ホームへの入所支援〉、〈民間介護施設への入所支援〉が構成された。特に〈自施設での長期入所を支援〉については、退所支援において「退所をしない」支援が含まれることになり、介護老人保健施設（以下、老健）において特徴的な支援となる。

　【その家らしい在宅生活へのマネジメント】においては、在宅復帰にあたって利用者・家族が現実的に遂行可能な範囲に〈介護負担のコントロール〉を図ること、および〈療養環境の整備〉を行う。そして、〈自施設の資源の動員～在宅療養支援機能～〉として再入所の保証や老健の様々な在宅サービスの動員が図られる。

3　RQ3：「退所支援に活用されるエビデンスはあるか?」について

　第6章は、本研究の目的の一つであるEBPの実施において中核的な章となる。退所支援の課題（第4章）におけるカテゴリーと支援方法（第5章）におけるカテゴリーを対照させながら、臨床判断が求められるCQを導出し、活用されるエビデンスを検討した。そして、本章では17のCQが生成された（第7章のCQを合わせれば19となる）。そして、本章において活用された研究知見は35文献に上った。

　【退所先の方向性の決定】に関するエビデンスの活用においては、在宅復帰が適いやすい身体状況を評価する視点や、利用者・家族の介護に関する脅威の程度分析する枠組みおよび長期療養施設の選定にあたってのエビデンスが検討された。

　【三要因間の不調和の結果】に対するエビデンスの活用においては、第4章で構造化された【退所先の方向性の決定】における下位カテゴリーが、葛藤が生じる原因を説明するエビデンスとして活用された。ま

た、〈成立見込みの低い長期療養計画〉では、特別養護老人ホーム（以下、特養）の申し込みに関して、現実的な退所先として成立しなくなる原因がエビデンスの活用を通して説明された。〈膠着状況：しばらくおいてほしい〉への支援におけるエビデンスの活用では、老健に長期入所をした際の入所期間の見込みがエビデンスの活用を通して検討され、積極的な長期入所への支援も選択肢の一つとして示された。

【退所先へのマネジメント】では、介護負担感について、軽減効果や緩衝効果およびソーシャルサポートとの関連性についてエビデンスを通した検討がなされた。また、〈本人の幸福の追求に向けて〉や〈生活困難となった誘因への対処〉について、各々を達成するためのエビデンスの具体例や検出方法が提案されている。

本研究は、実践場面に即したエビデンスの活用を検討した。したがって、エビデンスから導かれた支援内容自体について、この領域の実践に携わる者は承知している内容も多いと考えられる。しかし、本研究はエビデンスを用いて新規的な実践を導出することが主たる目的でないことはすでに繰り返し述べてきた。本論を読んで「当たり前」だと思うことと、根拠のある実践をすること、および他者に根拠を用いて説明できることには、実践者の能力として大きな差があるだろう。また、実証研究により言語化や関係性が明示されたエビデンスが実践に活用可能に実装されていれば、その部分については実践場面ごとに言語化や表現のための労力を費やすことがない。したがって、対象者への説明やリスク回避を直ちに検討することができ、さらに未明の領域に力を傾注することができるだろう。

第6章では、各エビデンスについて、有意差の有無だけでなく、吟味の対象となった統計量についても記載した。心理社会的な人間を対象とした研究には統計量の誤差量の高さやバラツキを想定し、統計量を直接的に個別の実践に当てはめることは避けるべきであることは第2章および第6章にて論じたが、統計量の大小の差を生じさせた傾向については注目を払うべきと考えられる。そして、その統計量の大小や高低を判断する絶対的基準があるわけではなく、個々の実践に携わる実践者が実践の目的と対照させて判断することになるため、それにかかわる統計量を記している。つまり、判断の基準に実践者の主観性が含まれるこ

とは避けられないということでもある。したがって、実証研究の結果から、「このようにすべきだ」という断定的な支援を導くような活用方法は提示されず、またそのようなエビデンスは見当たらなかった。エビデンスとは絶対的な根拠とするものや、客観的な判断として支援者の責任を逃れるものでなく、現象を相対化し支援者の主体性のもとに臨床判断を導くものと考えられる。

④ RQ4：「支援対象者に評価される退所支援とは何か?」について

　RQ4 に対応して、第 7 章では利用者家族に評価される退所支援の枠組みを構造化した。第 7 章における一連の検討は、エビデンスが活用された実践の効果を検証するものではなく、EBP のアプローチにおいて、実践の評価結果を実践の改善に還元するプロセスを報告した。

　まず、利用者家族の退所支援を評価する枠組みを構成する研究においては、家族とソーシャルワークの両視点が反映されたソーシャルワークの評価枠組みとして、六つのカテゴリーの下位に 11 のカテゴリーが抽出された。これらのカテゴリーは、活用目的からカテゴリー間の因果関係や優先性は検討されず、並列的な構造として示された。

　【病後の回復における認識】においては、下位項目に〈可能な限りの身体的良好さが得られた認識〉や〈利用者が必要な生活動作の獲得の認識〉が構成された。利用者本人が身体的に良好か否かのみにとどまらず、それが家族に理解されているかが問われるといえる。

　【家族としての意思決定】においては、下位項目に〈家族成員のバランスを図った決定〉、〈本人を含む家族が下す決定〉が構成された。支援相談員は、家族のうち発言権が強いものが専決的に下す決定ではなく、本人を含む家族という集団のなかで調和のとれた決定を下すための支援が評価されるといえる。

　【サポートの整備】は、社会資源の活用などソーシャルワークの代表的な支援に対する評価項目といえる。

　【家族の生活を損なわない退所準備】においては、下位項目に〈家族状況に即した退所準備〉や〈本人家族にとって計画的な準備〉が構成された。支援相談員は施設側の都合を押しつけるのではなく利用者・家族

の状況に即したケースマネジメントが評価されることになる。

【介護に必要な技能の習得】においては、下位項目に〈介護態度の醸成〉と〈介護方法の習得〉が構成された。

【本人と家族の生活の成立】においては、下位項目に〈経済的成立〉、〈本人らしい生活〉、〈家族の許容範囲内の予測介護負担感〉により構成された。支援相談員の支援目的は退所すること自体ではなく、その後の生活のあり方が問われるということである。

本評価枠組みにおける達成状況の良好さは、支援相談員による支援のみならず家族のもつ力や他職種のかかわりによって達成される場合もあるため、この枠組みが満たされていることが適切なソーシャルワーク支援が展開された結果であると直ちに結論づけることはできない。しかし、その逆の場合においては、ソーシャルワーク支援の検討余地が残されているということを意味している。このような用い方において本評価枠組みは支援相談員の退所支援を評価するツールとなりえ、臨床実践中のアセスメントの枠組みとして家族の評価を外さない実践が意識できることや、エバリュエーションとして支援終了後の質問紙調査や自己の実践の省察などに活用できると考えられる。

5　「老健の退所支援に求められるエビデンスを活用する支援のガイド」とソーシャルワークの科学化について

最後に、第 8 章における支援ガイドの作成により、岡本（2015）が提起した「融合化」が一定程度図られたと考えられる。すなわち、**図 9-1** に示されるように、①利用者ニーズの論理化—第 4 章「退所支援における利用者・家族に対するソーシャルワーク支援の課題」、②実践の科学化—第 5 章「退所支援における利用者・家族に対するソーシャルワークの構造化」、③科学的研究の成果—第 6 章「エビデンスを活用する退所支援」と対応し、④融合化（触媒）においては、個別支援への活用の志向性および第 7 章「利用者の家族による退所支援のソーシャルワークの評価」で構成されたクライエントに評価されるソーシャルワークのあり方を触媒として、第 8 章「介護老人保健施設の退所支援に求められるエビデンスを活用する支援のガイド」においては、退所支援の

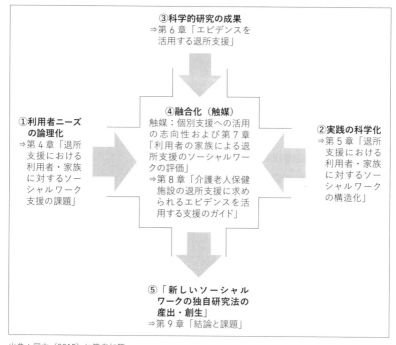

③科学的研究の成果
⇒第6章「エビデンスを
活用する退所支援」

④融合化（触媒）
触媒：個別支援への活用
の志向性および第7章
「利用者の家族による退
所支援のソーシャルワーク
の評価」
⇒第8章「介護老人保健
施設の退所支援に求め
られるエビデンスを活
用する支援のガイド」

①利用者ニーズ
の論理化
⇒第4章「退所
支援における
利用者・家族
に対するソー
シャルワーク
支援の課題」

②実践の科学化
⇒第5章「退所
支援における
利用者・家族
に対するソー
シャルワーク
の構造化」

⑤「新しいソーシャル
ワークの独自研究法の
産出・創生」
⇒第9章「結論と課題」

出典：岡本（2015）に筆者加筆

図9-1　ソーシャルワークの科学化と本研究の関係性

総論的な記述のうちに①②③の融合化が図られている。

　本章は、第4章において課題として構造化された【退所先の方向性の決定】、【三要因間の不調和の結果】、【退所先へのマネジメント】を検討の枠組みとして、対応する支援方法（第5章）や利用者の家族からの評価項目（第7章）が検討され、さらに活用されるエビデンス（第6章）が述べられている。

　【退所先の方向性の決定】においては、支援方法としては入所前から展開される【相互理解による入所合意を図る】や、入所後における【退所意向を形成する支援】、【在宅復帰を志向した本人・家族と環境の交互作用を促進する支援】、【施設での長期療養生活を支援する】が展開される。つまり、多くの支援は【退所先の方向性の決定】に充てられることになり、本章で活用されたエビデンスは20にのぼる。そして、ここでの支援は利用者の家族によって【家族としての意思決定】や【家族の生

活を損なわない退所準備】、【本人と家族の生活の成立】という評価の対象となる。

　また、【退所先の方向性の決定】において十分な検討が行えず【三要因の不調和の結果】となった際には、【施設での長期療養生活を支援する】が展開される。そして、自施設で長期療養をした場合や特養への移動が図られた場合の利用者への影響などの六つのエビデンスが活用された。このカテゴリーは退所が困難である状態を示すものであり、「退所後」の評価項目との対応は考えられなかった。

　そして、【退所先へのマネジメント】においては、【その家らしい在宅生活へのマネジメント】が対応した。生活の成立の視点や、利用者が健やかな生活を送るための八つのエビデンスが検討された。ここでの支援に対しては、【家族の生活を損なわない退所準備】、【本人と家族の生活の成立】によって評価されることになる。

2 | 本研究が示した新たな知見： 老健の退所支援のソーシャルワークの特徴

　本研究は、老健における支援記録をデータとした構造化や、全国各地の支援相談員の現任者による実践的な記述をデータとし、そのデータに密着した分析により構造化を図っているため、必然的に、老健に特有の環境が反映された構造となっている。老健領域における研究は数少なく、退所支援を体系的に検討した研究は見当たらないため、本研究で示した結果全体が当該領域においては新しい知見といえる。また、要介護者が医療機関から退院・退所するという点で共通する隣接領域として、MSW の退院・転院支援の先行研究との比較という観点からは、老健の退所支援に特有の支援が構造化されたとも考える。

　医療機関における退院・転院支援においては、医学モデルに基づく診療報酬制度に影響を受けたソーシャルワーク実践が展開される。一方、介護保険法を根拠法とし、ICF に基づく事業運営を掲げる老健にあっては、入所期間等に厳密な期限は設けられず、主として支援相談員と利用者・家族の間の合意をもとに展開されていくだけに、調整が不調に終われば、事態が〈膠着〉していくという難しい側面をもつ。また、MSW

の先行研究においては、患者の入院後に退院・転院支援が開始されるが、老健においては入所前面談から退所支援は開始されている。そのため、利用者本人と面識がないなかで、〈本人のニーズを汲む〉といった老健特有の支援が構成された。

そして、老健における特筆的な支援とは、場合によっては看取り支援までを老健で行うという〈自施設での長期入所を支援〉することと、再入所の保証を含む〈自施設の資源の動員～在宅療養支援機能～〉した〈介護負担のコントロール〉を図ることだろう。これらの支援が担保されていることで、支援相談員は利用者・家族に対して結論を急がせたり、特定の結論に誘導したり、「医療チームの方針」などの「機関の関心」から逸脱的な結論を防止するというかかわりを必要としないことにつながる。

本研究での検討によれば、老健での退所支援においては、仮に個々のケースにおいて〈膠着状況〉に至っても、利用者・家族が退所を望まない限りは、無理な退所を迫るより、退所が望まれているケースに支援を注力したほうが、事業運営としても利用者・家族に貢献するソーシャルワークにとってもよいことになる。また、利用者・家族が選ぶ道が支援者にとっては先々のリスクが危惧されるような道であっても、再入所の保証や短期的な在宅復帰というショートステップがあれば、利用者・家族がリスクや計画の間違いに気がついた時点で老健に戻ってくればよい。こうした支援は、医学モデルの制度により時間的に制限され、再入院を前提とできず、短期的な再入院を「失敗事例」（林，2019）ととらえざるを得ない医療機関のソーシャルワークに比して、老健ソーシャルワークの特徴と考えられ、地域の要介護者へのセーフティーネットとして高い意義を有すると考えられる。

再入所の保証や介護負担をコントロールした在宅復帰のあり方における支援相談員の支援技術は、特養や有料老人ホーム、療養病院など長期療養施設での適用可能性もあり、技術の伝達が望まれると考える。そして、こうした支援を実施する施設が増え、やがて標準化していけば、利用者本人の「家に戻りたい」という希望がかなえられつつも、介護者の無理が生じにくく、住まいやその地域で暮らし続けられる包括的なケアの実現に近づくのではないだろうか。

3 | 事業運営と利用者・家族への貢献が両立する ソーシャルワークとして

本研究の目的として、事業運営的な側面と、利用者・家族への貢献が両立するソーシャルワークのあり方が検討された。隣接領域における先行研究においても、MSW が医療機関の在院日数の低減化を図る所属組織に対して「形式的な肯定的受け止め」（三毛ら，2003：74）をしつつ、可能な限りのソーシャルワーク支援の確保を努力する取り組みがなされてきたことが示されている。本研究においても、マネジドケアとして現実に生じている制約のなか、事業運営とソーシャルワークが両立する視点から分析を図った。

例えば、【相互理解による入所合意を図る】における〈自施設の機能と限界の提示〉においては、老健が長期療養施設ではないこと等の施設の限界が枠組みとして提示される。規範的なソーシャルワーク論からはこうした実践に対する批判も考えられるが、本研究は規範を論じるものではなく、あくまでも個々の実践において現実的な臨床判断を行うことであり、実践に従事する支援相談員に貢献することを目的としている。

そして、林（2019）等の視点と同様に、制限された環境のなかでクライエントに最大限の支援を行うため、現状の分析や数量的な把握を行い、精度の高い臨床判断を図ることが試みられている。このような立場から、例えば、長期療養施設への移転に向けた判断や自施設での長期療養の可否における臨床判断においては、生存率等のデータを用いている。

こうしたデータを用いた判断や判断のプロセスを明確にすることについて、自身が考えるソーシャルワークの規範や職性との間に違和感を覚える者もいるかもしれない。しかし、眼前に臨床判断を迫られるケースがあることは間違いなく、判断をするのであれば、合理的かつ説明可能であることを目指すのが本研究の立場である。連携において他職種を説得したり、事業運営等のマクロな活動のなかでは、いわゆる客観的なデータがなければ、クライエントのために事態を好転させることは難しいということもある。また、個々のケースについて利用者・家族の主訴どおりの対応に励めば、やがて老健は健全な事業運営が難しくなり、地

域住民に十分な支援が行えなくなる。こうした責任の一端を支援相談員が担っていると考えれば、可能な限りのデータや判断材料を集め、より合理的な判断を下すことを志向することは専門職としての責務といえる。

第 2 節　本研究の意義

1 ｜ 退所支援のソーシャルワークへの貢献

　本章第1節で示したように、本研究は老健における退所支援において新しい知見を提供したことにより、そのソーシャルワーク実践に対する貢献的な意義があると考えられる。

　また、本研究を通し、老健に生じる課題や支援相談員が行う退所支援について、ソーシャルワークとして位置づけたという意義が考えられる。第5章においては、各カテゴリーにおけるソーシャルワークの機能や役割について論じられた。例えば、細心のアセスメントを経て交互作用の促進を意図した外泊の企画も、顕在化している行為においては、家族との日程調整や移送車の準備などの手配に過ぎないようにも見える。ソーシャルワークの関心の対象である関係性や意向およびその相互作用等は必ずしも実体的なものではないため、ソーシャルワーク実践は記述されて初めてそのソーシャルワーク性について言及されるということがあるだろう。その意味では、本研究での記述により支援相談員の退所支援における業務がソーシャルワークとして位置づけられた意義があると考えられる。

　エビデンスの活用においては、本研究では実践活動から立ち上げ、エビデンスの活用方法を検討する記述はソーシャルワーク領域において見かけることは少ない。本研究で示したエビデンスのみでなく、今後新しく生成された研究知見を付加していくことにより、対象者への説明性や臨床判断の精度の継続的な向上が望めるだろう。本研究においてはその土台となる研究知見を示したことに実践的な意義があると考える。また、老健ソーシャルワークの支援の質を評価する枠組みについては、これまで構築されてこなかったため、本研究の成果は本領域における実践

において一定の意義を有しているといえよう。また、支援対象者の視点とソーシャルワークの視点が重複する評価枠組みが抽出された研究は、先行研究でみることはできず、ソーシャルワーク領域における研究方法的な意義を有すると考えられる。

　第8章では、第4章から第7章の結果を総合させた支援内容が論じられた。実践者に対する意義としては、これらの支援内容を参照し、自身の実践の点検が可能となることが考えられる。本節においては、各論述の概要をまとめた図表を提示し、実践者が参照しやすい構成を意図した。実践者においては、本研究を読む際にまず第8章における図表や論述を参照し、実践的な納得が得られるかを吟味し、納得が得られない点や詳細を確認すべきと判断された点について、その注釈として各章において詳述されている部分を参照するという読み方もある。こうした活用により実践に寄与する可能性がある。

2 　ソーシャルワークの科学的実践への貢献

　本研究で構成された構造を活用することにより、実践の課題が特定され、支援のレパートリーを検討することができる。さらに臨床判断を支えるエビデンスが活用されることにより、臨床判断を論理的・合理的に導くことにつながると考えられる。また、渾沌とした現象がカテゴリー化され名称が付与されたことによって、現象を叙述する段階の実践と比べ、情報処理や検討が迅速に実施できることになる。そして、言語化・構造化により操作性をもつことから、他者にその現象を説明したり、共同的な検討が可能になることにつながる。さらに、その思考のプロセスを他者に説明することが可能となる。すなわち、説明性をもつ実践に寄与すると考えられる。

　また、特に第4章（課題）や第5章（支援方法）における構造においては、カテゴリー間の関係性が検討されている。これらの構造において、例えばカテゴリーA、B間に因果関係が示されている際、実践においてAカテゴリーに分類される事象が生じた際には、Bカテゴリーに分類される事象が生じえるという視点を支援者はもつことができる。あるい

は、Bカテゴリーに分類される事象が生じた原因をAカテゴリーに分類される事象に求めるという視点を得ることができる。前者の視点は予測性といえ、後者は事象の解明に役立つこととなる。

　また本研究において、質的研究により構成された構造および本研究全体の構成における科学性の確保を図った点は大きく分けて4点ある。1点目は、第3章において本研究における認識論的立場として、構造主義科学論における科学の定義を据えたことである。2点目は、本研究の実証研究のための研究方法として、質的研究における科学性を確保するための研究方法を論じたことである。3点目は、本研究の研究構成として、岡本（2015）によるソーシャルワークの科学化のための研究方法により構成したことである。そして4点目は、研究知見を実践に還元する方法論として、EBP（Evidence Based Practice（以下、EBP））を検討したことである。

　認識論や研究法自体への論及は老健の退所支援を論じるにあたり、本流に対する傍流といえるかもしれない。しかし、科学的実践という言葉を用いる以上、本研究の立場としての「科学」の定義を示す必要がある。また、調査研究は何らかの認識論を基礎として、結論が導かれているため、研究における認識論的立場は明示される必要性がある（三毛ら，2003）と指摘されるように、論者の認識論は、読み手の構造の読み取り方にかかわり、本来的に実証研究においては認識論の提示がなされている必要がある。そして、本項における考究がなければ、本研究の実証研究は主として質的研究が用いられているため「科学的実践と主張しているが、再現性の確認もされておらず、科学的な研究とはいえない」というような指摘と向き合わなくてはならなくなるだろう。本論に基づけば、再現性は科学的営みの目的の一つであるとは考えられるが、成立にあたっての必要十分条件ではない。本研究は個別支援の実践への貢献を視点としており、あるケースにおける援助目標に、ほかの誰かと同じ結果を再現するなどという目的はない。

　こうした立場や方法を基盤とした質的研究により構築された個々のカテゴリーや構造は一定の科学性をもつと考えられ、本研究では退所支援における課題やソーシャルワーク支援方法が構築された。実践においては、支援課題が特定されず支援方法が検討されることも、支援方法が検

討されず支援課題のみが検討されることもない。つまり、ある支援テーマを研究する際、支援を必要とする課題、あるいは課題に対する支援のどちらか一方のみを研究対象としても、実践を十分に検討したとは言い難い。そこで、本研究では、岡本（2015）に基づいた研究構成を図った。それにより、「課題」に対する「支援」とそれを補助する「エビデンスの活用」という構図で実践を総合的に記述することが可能となった。

　第1章で指摘したとおり、こうした構成は、個別支援のEBPにおける臨床判断のあり方と共通する部分がある。EBPにおける合理的な臨床判断においても、課題と支援方法を対応させ、さらにエビデンスを活用し、判断の精度や妥当性を向上させた臨床判断が望ましいといえる。そして、岡本（2015）が提起した構成は、本研究に基づく臨床判断を支える合理性に寄与していると考えられる。

　そして、一般情報を個別支援に活かす方法論としてのEBPを導入したことにより、本研究で構成された構造や、エビデンスが活用された実践的な記述を個別の支援に活かす理論的な道筋が担保された。その道筋が向かう方向は、当然、利用者・家族への貢献に続いていることが望まれる。EBPでは、それを点検する枠組みとして「実践の評価」が定められており、本研究では、曖昧で漠然とした評価でなく、実証的な枠組みを構築している。

　これらの研究やその構成をもつことにより本研究は、実践への活用性や科学的な実践に一定の寄与、および他領域での援用可能性を有すると考えられる。

3 ソーシャルワークにおける EBP に向けて

　本研究では、EBPについて、ソーシャルワークにおけるEBPの先行研究および他領域におけるEBPの臨床的活用方法などを参考にしながら、ソーシャルワーク実践における活用方法を論じた。そして、日本のソーシャルワーク実践領域において、実践に十分に浸透しているとはいえない現状を踏まえ、その原因として先行研究におけるEBPに対する

批判的言説を検討し、EBP に対する誤解の解消や、ソーシャルワーク実践領域における特徴に対して、EBP を実施するための理論的研究を行っている。

　EBP の実施手順である Step1〜5 においては、治療的な介入により生体に物理的変化を起こすことが主たる論点である医学領域の議論から、心理社会的支援であるソーシャルワーク領域で実施可能なように修正的議論を展開した。そして、医学領域に特有といえる大規模な研究が可能であるからこそ成立する RCT 研究を至上視することなく、価値の原理や実証研究の基礎に立ち返り、目的に応じた研究法こそが重要であることを提起した。これをブレイクスルーとして、様々な研究法や研究媒体の検索や吟味の必要性の議論を展開し、豊富なエビデンスの活用が可能になることを論じた。この議論は第 6 章において成立が確認されることとなる。

　そして、エビデンスとナラティブの統合については、両者は対立構図にはなく、「構造」と「意味づけ」として、どちらかを欠いて独立的に活用されることはなく、両者が一体的に存在することを論じた。そして、支援者と対象者のエビデンスの意味づけには、相違が生じることを踏まえた、エビデンスの活用方法を論じた。また、支援者と対象者にそれぞれ主体があり、立場の相違を明確にするからこそ、実践的な統合が可能になるという実践的議論を展開した。

　このような議論は、エビデンスを活用するための議論として不可欠であった。研究結果は実践に活用されなければ、真に実践と研究が循環しているとはいえないが、多くの教本には論文の作成方法が議論されるが、論文の活用方法について乏しい状況であった。本研究により実践での活用方法が示された点はソーシャルワークの EBP にとって大きな意義の一つといえる。

第 3 節　本研究の限界と課題

1　本研究は老健の実践現場に望まれる研究か

　本研究では、EBP を検討するにあたって、EBP のソーシャルワーク領域に向けた活用方法の理論的検討を要したため、長期の研究期間を要することとなった。この間に、個々の施設の実践現場における退所支援は一連の手続きにおける組織内のシステムとしての固定性が増すことから、本研究結果を実践者が新たに取り込むことが難しくなる。また、実践者の日々の実践における経験の蓄積から、本研究から得られる発見的な意義は薄らぐことは否めない。ソーシャルワーク領域では個人と社会の間の不調和が生じる現象の最前線で活動することから、現象自体が移ろいやすい。したがって、ソーシャルワーク実践現場研究には一定の迅速さが求められると考えられるが、本研究が逸した点の一つである。

2　エビデンスを活用することでソーシャルワークに効果があるといえるか

　本研究の成果を用いることで、ソーシャルワークに具体的効果が生じるのか、という点では本研究はそれに言及していない。前述したとおり、効果性が科学的実践の目的そのものではない。また、対象者のもつ課題や自身が実施しうる支援内容を明確に認識し、そして日ごろの実践活動では見えにくい側面に対しては、エビデンスを活用し、対象者にアプローチをするという小さい工夫や努力の積み重ねによって、現象のとらえ違いや、不適切な支援を抑制しうる結果、なんらかの効果性を生み出すかもしれない。しかし、本研究はそれを実証していない。「その実践には効果はあるのか」という問いは専門職による支援の社会的評価に

おける重要項目の一つではある。その点に言及できなかったことは、本研究の限界であり今後の課題といえるだろう。

3 | 退所支援を包括的に論じているか

　本研究の分析対象は、利用者・家族に対する直接的な支援としたが、支援相談員の退所支援がそれに限定されないことはいうまでもなく、連携や施設の管理運営レベルでの活動や地域づくりなども今後検討される必要がある。

　また、本研究の実証的研究においては、帰納法による質的分析であるため、必ずしも退所支援に関連する事象がすべて抽出されたとはいえない。また、支援記録をもとに分析した研究（第4章および第7章）については、利用者・家族によるネガティブな評価等の支援相談員に直接的に表明が難しい要因が顕在されていない可能性等を考慮しなければならず、今後第三者的な視点も踏まえたデータの取得や構造の見直しが継続的に必要だろう。

4 | 活用されるエビデンスは網羅されているといえるか

　本研究で活用されたエビデンスはCQごとの文献を網羅的に収集したものとはいえない。また、数ある論文のなかから選定されたものは、実践における有用性が判断されたものであるが、その基準についての曖昧さや明示性の欠如は本研究の限界である。論文を検索する際の検索語と検索結果、参照数、孫引き論文の数、選抜数、精読後の実践への援用性についての考察などをワークシート化し、手続きや思考の軌跡を開示し、妥当性を示すなどという方策が考えられる。本研究のエビデンスの検索のあり方は、実践者にむけた方法論の提示としては一定の意義を有すると考えられるが、研究方法論としては未整理で課題を残す。

5 | ソーシャルワークの「価値」が論じられたか

　本研究では、支援上の課題と支援方法とを関連づけて退所支援のソーシャルワークを論じたが、課題に対して、複数の支援方法をとりうる際の支援相談員にどのような「価値」が働き、方法が選択されるのか、という点が十分に記述されているとは言い難い点がある。ソーシャルワークが社会福祉的「価値」に中核的な要因を見出していることはいうまでもない。ソーシャルワーク支援上の価値に対して、経営的価値や個人的信条に基づく価値観など、多様な価値のなかで、ソーシャルワークの価値をどのように顕在させているか、というリサーチクエスチョン（RQ）に基づいて、支援相談員の口述や記述から、退所支援のソーシャルワークに機能した「価値」を構造化し、その発動や優先順位づけなどが描写される研究が構想される。このような研究により、さらに退所支援の実態に肉薄でき、そのソーシャルワークの在り方が示されると考えられる。しかし、退所支援全体にわたって検討される価値の多様さや重層性を想定すると、本研究の一部として実施するには紙幅上困難と考えざるを得ず、実施することができなかった。今後の課題としたい。

引用文献リスト

(A)

足立仁志・町田詩帆・藤井彰彦（2012）「在宅復帰を向上するためのチームでの取り組み」『第 23 回全国介護老人保健施設大会 美ら沖縄 抄録』

秋山薊二（2005）「Evidence-Based ソーシャルワークの理念と方法―証拠に基づくソーシャルワーク（EBS）によるパラダイム変換」『ソーシャルワーク研究』31（2）、124-132.

秋山薊二（2011）「エビデンスに基づく実践（EBP）からエビデンス情報に基づく実践（EIP）へ―ソーシャルワークと教育実践に通底する視点から」『国立教育政策研究所紀要』140、29-44.

荒井浩道（2014）『ナラティブ・ソーシャルワーク―"〈支援〉しない支援"の方法』新泉社

荒井由美子・田宮菜奈子・矢野栄二（2003）「Zarit 介護負担尺度日本語版の短縮版（J-ZBI_8）の作成―その信頼性と妥当性に関する検討」『日本老年医学会雑誌』40（5）、497-503.

荒牧登史治（2017）「Research Report 平成 28 年度　介護老人保健施設の経営状況について」（http：//www.wam.go.jp/content/files/pcpub/top/scr/r20180131_01.pdf, 2018/11/09 閲覧）

荒牧登史治（2019）「平成 29 年度 病院の経営状況について」『WAM 8 月号』Vol. 656

在本裕子・中澤秀夫・中谷茂子（2016）「在宅復帰支援の取り組みについて」『第 27 回全国介護老人保健施設大会 大阪大会 抄録』

(D)

ダイヤ高齢社会研究財団（2010）「利用者モニタリングの有効活用に関する研究事業報告書 I（2009 年度）」財団法人ダイヤ高齢社会研究財団

(F)

藤崎宏子（2009）「介護保険制度と介護の『社会化』『再家族化』」『福祉社会学研究』6、41-57.

藤島薫（2014）『福祉実践プログラムにおける参加型評価の理論と実践』みらい

藤原エミ・井田純子（2012）「大丈夫だっしゃろ？いえそんなに甘くはないですよ」『第 23 回全国介護老人保健施設大会 美ら沖縄 抄録』

福祉医療機構（2018）「『特別養護老人ホームの入所状況に関する調査』の結果について」（https：//www.wam.go.jp/hp/wp-content/uploads/rr17020_3.pdf, 2021/9/30 閲覧）

古川和稔・小平めぐみ・井上善行・藤尾祐子・津森伸一・竹内孝仁（2017）「介護老人保健施設からの在宅復帰に影響を与える要因：在宅復帰の可否に影響するケア内容の分析」『自立支援介護・パワーリハ学』11(1)、68-77.

(G)

Gambrill, E. (1999). Evidence-based practice: An alternative to authority-based practice. Families in Society, 80, 341-350.

Gambrill, E. (2005). Critical thinking in clinical practice (2nd ed). Hoboken, NJ: John Wiley and Sons.

Gibbs, L., & Gambrill, E. (2002). Evidence-based practice: Counterarguments to objections. Research on Social Work Practice, 12(3), 452-476.

Gibbs, L. E. (2003). Evidence-based practice for the helping professions: A practical guide with integrated multimedia (p. 1). Pacific Grove, CA: Brooks/ Cole-Thomson Learning.

Gilboa, I. (2010). Rational choice. MIT press.（＝松井彰彦訳（2013）『合理的選択』みすず書房）

Gilgun, J. F. (2005). The four cornerstones of evidence-based practice in social work. Research on Social Work Practice, 15(1), 52-61.

Grady, M. D., Wike, T., Putzu, C., Field, S., Hill, J., Bledsoe, S. E., ... & Massey, M. (2018). Recent social work practitioners' understanding and use of evidence-based practice and empirically suorted treatments. Journal of Social Work Education, 54(1), 163-179.

Greenhalgh, T., & Hurwitz, B. (1998). Narrative based medicine . London: BMJ books.

Guyatt, Gordon H (1991). Evidence-based medicine, ACP Journal Club, (114), A-16.

Guyatt, G. MD., Rennie, D. MD., Meade, M. O. MD., & et al (Eds.). (2014). Users' Guides to the Medical Literature: A Manual for Evidence-Based Clinical Practice. McGraw-Hill.

(H) ────────────────────────────────

林祐介（2019）『効果的な退院・転院支援』旬報社

東憲太郎（2015）「老健施設の現状と展望」全国老人保健施設協会編『平成27年版介護白書』2-18.

平川博之（2016）「加算取得より稼働率アップを」シルバー産業新聞2016年8月10日号

広瀬美千代・岡田進一・白澤政和（2005）「家族介護者の介護に対する認知的評価を測定する尺度の構造―肯定・否定の両側面に焦点をあてて」『日本在宅ケア学会誌』9(1)、52-60.

広瀬美千代・岡田進一・白澤政和（2007）「家族介護者の介護への否定的評価に対する資源による緩衝効果」『日本在宅ケア学会誌』10(2)、24-32.

広瀬美千代（2010）『家族介護者のアンビバレントな世界 エビデンスとナラティブからのアプローチ』ミネルヴァ書房

(I) ────────────────────────────────

居川幸正・松原泉（2013）「胃瘻造設時年齢が生命予後に与える影響―長期入院例での検討―」『日本老年医学会雑誌』Vol. 50、No. 4、536-541.

伊地知由香里・福田隆一（2015）「在宅強化型施設維持への取り組み」『第26回全国介護老人保健施設大会 神奈川 in 横浜』

池田清彦（1998）『構造主義科学論の冒険』講談社

稲葉健太郎（2014）「成功事例で学ぶ！私たちはこうして在宅強化型老健に転換できた」『相談援助＆マネジメント』vol. 5、No. 2、36-41、日総研出版

医療経済研究機構（2012）「平成23年度 老人保健事業推進費等補助金老人保健健康増進等事業報告書 特別養護老人ホームにおける待機者の実態に関する調査研究事業 ～待機者のニーズと入所決定のあり方等に関する研究～」

岩田昇・堀口和子（2016）「要介護者の性別および家族介護者の続柄別に見る在宅介護の認知評価、対処方略および生活への影響の相違」『日本公衆衛生雑誌』63(4)、

179-189.

(J)

Jenson, J., & Howard, M. (2013). Evidence-Based Practice. Encyclopedia of Social Work.

(K)

梶原敏臣（2006）「医療ソーシャルワーカーの援助効果」京極高宣・村上須賀子『財団法人在宅医療助成勇美記念財団 2005 年度在宅医療助成調査研究報告書 わが国の在宅医療における医療ソーシャルワーカー実践事例の調査研究—医療ソーシャルワーカーの国家資格化と養成カリキュラムのあり方を求めて—』44-50.

Kalra L., Evans A., Perez l., Melbourn A., Parel A., Knapp M., et al. (2004) Training carers of stroke patients：randomized Controlled trial. BMJ 328(8), 1099-1101.

加茂陽（2000）「ソーシャルワーク理論と実践」加茂陽編『ソーシャルワーク理論を学ぶ人のために』4-24、世界思想社

神部智司・島村直子・岡田進一（2002）「施設入所高齢者のサービス満足度に関する研究：領域別満足度と総合的満足度との関連」『社会福祉学』43(1)、201-210.

片山徹（2013）「高齢者入所施設における相談員のソーシャルワーク実践の現状と課題」『総合福祉科学研究』vol. 4、81-91.

片山徹（2017）「介護老人保健施設における支援相談員のソーシャルワーク実践力の構築に関する一考察」『社会福祉士』No. 24、13-21.

加藤誠（2014）「長期入所者を在宅復帰するための支援」『稼働率アップ 実践例とQ&A』161-168、日総研出版

加藤誠（2015）「老健が在宅復帰機能を取り戻すために」『相談援助＆業務マネジメント』vol. 6、No. 1、98-102、日総研出版

河合隼雄（2001）「事例研究の意義」『臨床心理学』1(1)、4-9.

川喜田二郎（1967）『発想法』中央公論新社

川喜田二郎（1970）『続・発想法―KJ 法の展開と応用』中央公論新社

川喜田二郎（1986）『KJ 法―渾沌をして語らしめる―』中央公論社

川原田千枝（2014）「在宅復帰を促すインテーク」『稼働率アップ 実践例とQ&A』128-135、日総研出版

菊澤佐江子（2017）「介護保険制度下の高齢者介護と家族の負担―ストレス過程からみた現状と課題」『家計経済研究』No113、20-29.

木村容子（2012）『被虐待児の専門里親支援―M-D&D にもとづく実践モデル開発』相川書房

木下康仁（1999）『グラウンデッド・セオリー・アプローチ―質的実証研究の再生』弘文堂

木下康仁（2003）『グラウンデッド・セオリー・アプローチの実践』弘文堂

木下康仁（2006）『ライブ講義 M-GTA 実践的質的研究法』弘文堂

木下康仁（2009）『質的研究と記述の厚み―M-GTA・事例・エスノグラフィー』弘文堂

衣笠一茂（2015）『ソーシャルワークにおける「価値」と「原理」―実践の科学化とその論理構造―』ミネルヴァ書房

小松美妙・濱畑章子（2013）「高齢者施設へのリロケーション時の適応課題と対処行動」『日本保健医療行動科学会雑誌』28(1)、82-92.

近藤克也（2015）「独居老人の願いを叶えるために」『第 26 回全国介護老人保健施設大会 神奈川 in 横浜』

小須田千尋（2016）「『家に帰る』本人の気持ちに寄り添い取り組んだ強化型」『第 27 回全国介護老人保健施設大会 大阪大会 抄録』

厚生労働省（2010）「『介護保険制度に関する国民の皆様のご意見募集』（結果概要について）」（https：//www.mhlw.go.jp/public/kekka/2010/dl/p0517-1a.pdf，2021/11/11 閲覧）

厚生労働省（2014）「平成 27 年度介護報酬改定に向けて（介護老人保健施設、介護療養型医療施設について）」社保審—介護給付費分科会第 105 回（H26. 8. 7）資料 1（https：//www.mhlw.go.jp/file/05-Shingikai-12601000-Seisakutoukatsukan-Sanjikanshitsu_Shakaihoshoutantou/0000053838.pdf，2018/11/08 閲覧）

厚生労働省（2015）「平成 27 年度介護報酬改定の骨子」（https：//www.mhlw.go.jp/file/06-Seisakujouhou-12300000-Roukenkyoku/0000081007.pdf，2018/11/6 閲覧）

厚生労働省（2016 ①）「平成 28 年国民生活基礎調査」（https：//www.mhlw.go.jp/toukei/saikin/hw/k-tyosa/k-tyosa16/dl/16.pdf，2018/11/11 閲覧）

厚生労働省（2016 ②）「平成 28 年介護サービス施設・事業所調査の概況」（https：//www.mhlw.go.jp/toukei/saikin/hw/kaigo/service16/dl/kekka-gaiyou_05.pdf，2020/7/18 閲覧）

厚生労働省（2016 ③）「介護老人保健施設における在宅復帰率について（支援相談員数別）」社保審—介護給付費分科会第 144 回（H29. 8. 4）参考資料 2、14 頁（https：//www.mhlw.go.jp/file/05-Shingikai-12601000-Seisakutoukatsukan-Sanjikanshitsu_Shakaihoshoutantou/0000174012.pdf，2023.10.1 閲覧）

厚生労働省（2018）「平成 30 年度介護報酬改定における各サービス毎の改定事項について」（https：//www.mhlw.go.jp/file/05-Shingikai-12601000-Seisakutoukatsukan-Sanjikanshitsu_Shakaihoshoutantou/0000192302.pdf，2018/10/31 閲覧）

厚生労働省（2022 ①）「令和 3 年介護サービス施設・事業所調査の概要」（https：//www.mhlw.go.jp/toukei/saikin/hw/kaigo/service21/dl/kekka-gaiyou_1.pdf，2023/7/30 閲覧）

厚生労働省（2022 ②）「令和 3 年度介護給付費等実態統計」（https：//www.mhlw.go.jp/toukei/saikin/hw/kaigo/kyufu/21/dl/11.pdf，2023/7/30 閲覧）

厚生労働省（2023）「令和 4 年国民生活基礎調査の概要」（https：//www.mhlw.go.jp/toukei/saikin/hw/k-tyosa/k-tyosa22/dl/05.pdf，2023. 8. 15 閲覧）

小山隆（2016）「ソーシャルワークの理論と実践の関係再構築」岡本民夫監、平塚良子・小山隆・加藤博史編『ソーシャルワークの理論と実践―その循環的発展を目指して―』52-64、中央法規出版

久保憲巳・村岡三平（2016）「数字と利用者本位の狭間にある『真のサービス』」『第 27 回全国介護老人保健施設大会 大阪大会 抄録』

黒田敏行（2016）「認知症専門棟における長期的視点からの在宅復帰支援」『第 27 回全国介護老人保健施設大会 大阪大会 抄録』

京極真（2006）「EBR（evidence-based rehabilitation）におけるエビデンスの科学論―構造構成主義アプローチ」『総合リハビリテーション』34(5)、473-478.

(L)

Lawton, M. P., & Brody, E. M. (1969). Assessment of older people: self-maintaining and instrumental activities of daily living. The gerontologist, 9 (3_Part_1), 179-186.

(M)

町田玲子・川崎恒雄 (2015)「在宅復帰強化型老健への転換と家族支援」『第 26 回全国介護老人保健施設大会 神奈川 in 横浜』

前濱優子 (2012)「おうちへ帰ろう！」『第 23 回全国介護老人保健施設大会 美ら沖縄 抄録』

毎日新聞 (2016)「在宅介護『限界』7 割　家族の負担浮き彫り」2016 年 4 月 4 日東京朝刊

間嶋健 (2013)「重症脳卒中患者家族の転院に至るまでの心理と医療ソーシャルワーカーの支援における研究」筑波大学大学院人間総合科学研究科生涯発達専攻カウンセリングコース博士前期課程修士学位論文

間嶋健 (2014)「MSW の各種記録が統合された電子記録システムの構築における研究」『ソーシャルワーク研究』Vol. 40、No. 1

間嶋健 (2016)「構造構成主義に基づくソーシャルワーク実践の科学性確保に関する一考察―質的研究によるソーシャルワーク実践研究の科学化にむけて―」『社会福祉学』Vol. 57、No. 3、1-14.

間嶋健 (2017)「ソーシャルワーク実践のエビデンスにおけるエビデンスレベル適用の限定性―実践の各局面における RCT の適用性から―」『一般社団法人日本社会福祉学会 2016 年度関東部会研究大会抄録集』58.

間嶋健・和気純子 (2017)「介護保険施設の相談員が抱える倫理的課題とジレンマ（2）―相談員を対象としたアンケートの自由記述分析をとおして―」『日本ソーシャルワーク学会第 37 回大会抄録集』74-75.

間嶋健 (2018)『介護老人保健施設の退所支援における要介護者と家族の有する課題とその構造：支援相談員の支援記録における事例の分析を通して』「ソーシャルワーク研究」44(2)、136-144.

間嶋健・和気純子 (2019)「介護老人保健施設の退所支援ソーシャルワークの評価枠組みの構成―支援相談員による支援記録の質的分析より―」『ソーシャルワーク学会誌』Vol. 38

丸谷友紀・河原まゆみ・加藤明日香・佐々木敏之・戸川真由美・東竜三・辻本勇基・上村郁代・久野敬子・古川佳要子 (2015)「在宅復帰の促進をめざして」『第 26 回全国介護老人保健施設大会 神奈川 in 横浜』

松本泰 (2014)「在宅復帰・在宅療養支援機能加算は算定済み！ここから進むべき道は！？」『相談援助＆マネジメント』vol. 5、No. 2、24-29、日総研出版

松岡広子・濱畑章子 (2004)「介護老人保健施設の長期入所者が家庭復帰よりも施設生活の継続を望むまでの過程」『Quality nursing』10(7)、669-679.

Meza, J. P and Passerman, D. S (2011) Intergrating Narrative Medicine and Evidence-Based Medicine：The Everyday Social Practice of Healing. Radcliffe Publishing Ltd. 岩田健太郎訳 (2013)『ナラティブとエビデンスの間―括弧付きの、立ち現れる、条件次第の、文脈依存的な医療』メディカル・サイエンス・インターナショナル

壬生尚美 (2011)「特別養護老人ホームのユニット型施設と従来型施設における入居者の生活意識：安心・満足できる生活の場の検討」『人間福祉学研究』4(1)、77-90.

三毛美予子 (2003)『生活再生にむけての支援と支援インフラ開発―グラウンデッド・セオリー・アプローチに基づく退院援助モデル化の試み』相川書房

三毛美予子・池埜聡 (2003)「日本における『実践理論』構築を目的としたソーシャルワーク研究法の課題」『関西学院大学社会学部紀要』No. 95、123-131.

三島亜紀子 (2007)『社会福祉学の〈科学性〉ソーシャルワーカーは専門職か？』勁草書房

三浦美穂・音羽雅子・堀川尚子・藤本律子・大浦幸枝・福居さつき・稲角由美子・槇山久美（2016）「在宅復帰支援フローに基づいたカンファレンスの成果」『第27回全国介護老人保健施設大会 大阪大会 抄録』

宮田啓一（2015）「相談員は真の利用者ニーズを捉えきれていたか」『第26回全国介護老人保健施設大会 神奈川 in 横浜』

宮内比呂美（2016）「利用につながらなかったケースの分析」『第27回全国介護老人保健施設大会 大阪大会 抄録』

三好理恵・浅川典子・橋本志麻子・高橋龍太郎・須田木綿子・西村昌記・出雲祐二（2009）「要支援・要介護高齢者の楽しみに関する研究」『埼玉医科大学看護学科紀要』3(1)、1-8.

水上美貴（2012）「やっぱり家に帰りたい！」『第23回全国介護老人保健施設大会 美ら沖縄 抄録』

森川美絵（2019）「高齢者ケアの全社会的編成と家族ケアの展望」『社会福祉研究』Vol. 134、22-40.

室田人志（2016）「介護老人保健施設の支援相談員の援助実践を理論化する試み—事例研究による実践評価の方法から—」『同朋福祉』No22、55-74.

室田信一（2013）「アメリカの社会福祉教育とマクロ実践のコンピテンシー」『人文学報』309-336.

武藤崇（2017）「対人援助学の方法論としての「二人称」の科学」『対人援助学研究』Vol. 5、1-12.

(N)

名郷直樹（2009）『ステップアップEBM実践ワークブック』南江堂

内閣府（2003）「高齢者介護に関する世論調査」（https：//survey.gov-online.go.jp/h15/h15-kourei/2-2.html, 2019. 5. 1 閲覧）

内閣府（2010）「介護保険制度に関する世論調査」（https：//survey.gov-online.go.jp/h22/h22-kaigohoken/index.html, 2021/11/11 閲覧）

内閣府（2018）「平成30年高齢者白書」（https：//www8.cao.go.jp/kourei/whitepaper/w-2018/zenbun/30pdf_index.html, 2021/11/11 閲覧）

中島あゆみ・小坂彩・若月伸一・矢野浩二（2012）「在宅復帰へ繋ぐ支援相談員の関わりについて」『第23回全国介護老人保健施設大会 美ら沖縄 抄録』

仲山友一朗（2012）「在宅強化型施設を目指して（もう一度在宅へ）」『第23回全国介護老人保健施設大会 美ら沖縄 抄録』

直井道子（2014）「高齢者と家族」直井道子・中野いく子・和気純子編『高齢者福祉の世界（補訂版）』33-49、有斐閣

National Association of Social Workers（2018）「Evidence-Based Practice」NASW ホームページ（https：//www.socialworkers.org/News/Research-Data/Social-Work-Policy-Research/Evidence-Based-Practice, 2018/12/2 閲覧）

Nevo, I., & Slonim-Nevo, V.（2011）. The Myth of Evidence-Based Practice: Towards Evidence-Informed Practice. The British Journal of Social Work, 41(6), 1176-1197.

日本老年医学会他編（2019）『高齢者在宅医療・介護サービスガイドライン2019』ライフ・サイエンス

日本ソーシャルワーク教育学校連盟編（2021）『最新 社会福祉士・精神保健福祉士養成講座⑤社会福祉調査の基礎』中央法規出版

野口史緒（2014）「高齢者の長期療養の実態と介護問題の構造：住宅型有料老人ホームの事例から」『社会福祉学』55(2)、79-94.

(O)

大渕紘子（2012）「自宅へ帰れない人達の思い」『第 23 回全国介護老人保健施設大会 美ら沖縄 抄録』

呉栽喜（2003）「質的調査」平山尚・武田丈・呉栽喜ほか共著『ソーシャルワーカーのための社会福祉調査法』168-202、ミネルヴァ書房

大橋謙策（2005）「わが国におけるソーシャルワークの理論化を求めて」『ソーシャルワーク研究』31(1)、4-19.

岡本民夫（2015）「ソーシャルワーク研究のあり方について」『人間福祉学研究』No. 8, Vol. 1.

大成亜紀子・豊田眞子・小川美穂（2016）「諦めないで　在宅復帰！！」『第 27 回全国介護老人保健施設大会 大阪大会 抄録』

大西友里・宮崎武則・井田純子・松本泰明・畑中活子（2015）「家族と共に歩む」『第 26 回全国介護老人保健施設大会 神奈川 in 横浜』

大島巌（2014）「科学的根拠に基づく実践とその形成評価アプローチが日本社会に定着しない現状と要因：改善への示唆」『日本評価研究』14(2)、17-28.

大島巌（2016）『マクロ実践ソーシャルワークの新パラダイム―エビデンスに基づく支援環境開発アプローチ〜精神保健福祉への適用例から〜』有斐閣

太田孝夫・東大地（2016）「在宅復帰・在宅療養支援機能加算を取得して！」『第 27 回全国介護老人保健施設大会 大阪大会 抄録』

大坪隆成（2012）「在宅生活支援施設として『老健施設の 5 つの役割』に立ち返る」『老健』vol23、No. 7、28-31.

大塚美和子（2008）『学級崩壊とスクールソーシャルワーク―親と教師への調査に基づく実践モデル』相川書房

長田斎・原田洋一・畦元智惠子・和久井義久（2011）「要介護度の経年変化―同一集団における要介護度分布の 9 年間の変化」『厚生の指標』58(2)、37-43.

(P)

PwC コンサルティング合同会社（2018）「平成 30 年度老人保健事業推進費等補助金報告書 高齢者向け住まいにおける運営実態の多様化に関する実態調査研究」

(R)

Renske J. M. van der Zwet, Deirdre M. Beneken genaamd Kolmer, and René Schalk (2016). Social workers' orientation toward the evidence-based practice process: A Dutch survey. Research on social work practice, 26(6), 712-722.

Robert. A. R. &. Yeager, K. R (2006) Foundation of Evidence-Based Socialwork Practice. Oxford University Press.

(S)

Sackett D. L. et al. (1996), "Evidence-basedMedicine:What It Is and What It Isn't," British Medical Journal, 312, 71.

Sackett, D. L., Richardson, W. S., Rosenberg, W., & Haynes, R. B. (1997). Evidence-based medicine：How to practice & teach EBM. New York: Churchill Livingstone.

Sackett, D. L., Straus, S. E., Richardson, W. S., Rosenberg, W., & Haynes, R. B. (2000). Evidence-based medicine: How to practice and teach EBM (2nd ed.). Churchill Livingstone.

西條剛央（2005）『構造構成主義とは何か―次世代人間科学の原理』北大路書房

西條剛央（2007）『ライブ講義 質的研究とは何か SCQRM ベーシック編』新曜社

西條剛央（2008）『ライブ講義 質的研究とは何か SCQRM アドバンス編』新曜社

西條剛央（2009）『研究以前のモンダイ 看護研究で迷わないための超入門講座』医学書院

斉藤雅茂・近藤克則・近藤尚己（2014）「高齢者における相対的剥奪の割合と諸特性：JAGES プロジェクト横断調査より」『季刊社会保障研究』50(3)、309-323.

斎藤清二（2012①）『医療におけるナラティブとエビデンス 対立から調和へ』遠見書房

斎藤清二（2012②）「ナラティブ・アプローチと物語能力について」『季刊ほけかん』（58）、1-4.

斎藤清二（2017）「二重科学過程としての対人援助学―『二人称の科学』へのコメント―」『対人援助学研究』Vol. 5、25-30.

斎藤清二（2018）『総合臨床心理学原論―サイエンスとアートの融合のために―』北大路書房

笹岡眞弓・福井次矢・小山秀夫（2013）『急性期病院におけるソーシャルワーカーの実務基準と質指標（クオリティーインジケーター, QI）の開発に関する実践研究』（厚生労働科学研究費補助金政策科学総合研究事業平成 23 年～25 年総合研究報告書）

佐藤郁哉（2002）『フィールドワークの技法』新曜社

佐藤郁哉（2005）「トライアンギュレーション（方法論的複眼）とは何か?」『インターナショナル・ナーシングレビュー』Vol28、No2、30-36.

佐藤豊道（2007）「アメリカにおけるソーシャルワークの理論と実践」『社会福祉研究』Vol. 100、52-58.

芝野松次郎（2005）「『子どもの最善の利益』の証（エビデンス）を求めて：ソーシャルワークにおけるリサーチとプラクティスを繋ぐ」『先端社会研究』（2）、359-399.

芝野松次郎（2015）『ソーシャルワーク実践モデルの D&D―プラグマティック EBP のための M-D&D』有斐閣

清水貴文（2017）「利用者の意向を大切にし、個々に適した『住み家』を提供する」『相談援助＆業務マネジメント』vol8、No. 4、15-18、日総研出版

志村健一（2012）「ソーシャルワークの『エビデンス』と実践への適用」一般社団法人社会福祉学会編『対論 社会福祉学 5 ソーシャルワークの理論』88-123、中央法規出版

新保祐光（2014）『退院支援のソーシャルワーク―当事者支援システムにおける「状況的価値」の形成』相川書房

塩原貴子（2014）「在宅復帰を可能にする支援のポイント」『稼働率アップ 実践例と Q&A』144-145、日総研出版

白田智美（2012）「"きっかけ"から始まる在宅復帰の取り組み」『老健』vol23、No. 7、50-54.

Shlonsky, A. & Gibbs, L. (2006). Will the Real Evidence-Based Practice Please Stand Up?. Roberts, A. R., & Yeager, K. (Eds.). Foundations of evidence-based social work practice. 103-121 Oxford University Press, USA.

Smith, D. (2004). Introduction：Some Versions of Evidence-Based Practice. Smith, D. (Ed.). (2004). Social work and evidence-based practice. 7-28. Jessica Kingsley Publishers.

総務省（2018）「家計調査報告（家計収支編）―平成 29 年（2017 年）平均速報結果の概要―」（https：//www.stat.go.jp/data/kakei/sokuhou/nen/index.html、2020/04/07 閲覧）

菅沼一平・上城憲司・白石浩（2014）「認知症高齢者の家族介護者に対する心理教育介入：ソーシャル・スキルズ・トレーニングの効果について」『日本認知症ケア学会誌』13(3)、601-610.

杉崎千洋（2009）「医療ソーシャルワーカーの働きを検証する（38）地域連携におけるMSW 支援評価—MSW 自己評価と患者・家族満足度調査から」『病院』68(10)、854-858.

杉田翔・藤本修平・今法子・小向佳奈子（2016）「脳卒中者の家族介護者における介護負担感に関連する要因の検討：システマティックレビュー」『理学療法科学』31(5)、689-695.

Sur, R. L., & Dahm, P. (2011). History of evidence-based medicine. Indian journal of urology: IJU: journal of the Urological Society of India, 27(4), 487.

(T) ────────────────────────────────────

多田由夏・中田稔・南江晴美・中村純子（2015）「我が家に帰りたい」『第 26 回全国介護老人保健施設大会 神奈川 in 横浜』

田垣正晋（2012）「エビデンスの「優劣」再考」一般社団法人社会福祉学会編『対論 社会福祉学 5 ソーシャルワークの理論』124-152、中央法規出版

高木敬広（2015）「在宅復帰に向けて家族との関わり」『第 26 回全国介護老人保健施設大会 神奈川 in 横浜』

高山恵理子（2019）「保健医療部門」『社会福祉学』60(3)、205-215.

竹村和久（2005）「意思決定現象と行動意思決定論」『知能と情報』17(6)、646-654.

玉木朋子・大達亮・大野ゆう子・伊藤美樹子（2017）「家族が介護できない虚弱高齢者の漂流：医療的ニーズが「終の住処」を脅かす」『未来共生学』4、89-109.

田中慶子（2017）「『在宅介護のお金とくらしについての調査 2016』について」『家計経済研究』(113)、5-19.

谷田憲俊（2007）「EBM と NBM」『山口医学』56(6)、189-191.

立森久照・伊藤弘人（1999）「日本語版 Client Satisfaction Questionnaire 8 項目版の信頼性および妥当性の検討」『精神医学』Vol. 41、No. 7、711-717.

Thyer, B. A. (2003) Empirically Based Interventions, Edwards, R. L. ed. Encyclopedia of Social Work, 21-29. NASW Press.

Thyer, B. (2006) what is Evidence-Based Pracitce. Roberts, A. R., & Yeager, K. (Eds.). Foundations of evidence-based social work practice. 35-46. Oxford University Press, USA.

友滝愛（2022）「質的分析によるエビデンスを EBP で活用する」『週刊医学界新聞』3459 号

津軽谷恵（2003）「在宅高齢者と介護老人保健施設入所者の主観的 QOL について」『秋田大学医学部保健学科紀要』11(1)

(U) ────────────────────────────────────

植松海雲・猪飼哲夫（2002）「高齢脳卒中患者が自宅退院するための条件 Classification and regression trees（CART）による解析」『リハビリテーション医学』39(7)、396-402.

(W) ────────────────────────────────────

和気純子（2006）「介護保険施設における施設ソーシャルワークの構造と規定要因—介護老人福祉施設と介護老人保健施設の相談員業務の比較分析を通して—」『厚生の指標』No53、vol15、21-30.

和気純子（2009）「ソーシャルワークの演繹的研究方法」『ソーシャルワーク研究』35
　（2）、105-113.

和気純子・間嶋健（2017）「介護保険施設の相談員が抱える倫理的課題とジレンマ（1）
　―自記式質問紙調査からみる現状と要因―」『日本ソーシャルワーク学会第34回大
　会抄録集』72-73.

Webb, S. A. (2001). Some considerations on the validity of evidence-based
　practice in social work. British journal of social work, 31(1), 57-79.

(Y)

山口麻衣・高山恵理子・小原眞知子・高瀬幸子（2013）「医療ソーシャルワーカーの退
　院支援実践の評価」『医療社会福祉研究』Vol21

山野尚美（2013）「物質使用障害治療のエビデンスに基づく家族支援のあり方について
　の研究」科学研究費助成事業研究成果報告書

山浦晴男（2012）『質的統合法入門―考え方と手順』医学書院

梁明玉（2007）「有料老人ホーム居住者の主観的幸福感」『日本家政学会誌』58(10)、
　623-632.

吉田政三・林勝幸・岩崎妙（2016）「ご家族との繋がり」『第27回全国介護老人保健施
　設大会 大阪大会 抄録』

(Z)

全国老人保健施設協会（2014）『全老健版ケアマネジメント方式～R4システム～ 改訂
　版』

全国老人保健施設協会編（2015①）『介護老人保健施設 在宅支援推進マニュアル 総論・
　入所編』

全国老人保健施設協会（2015②）「歴史ある法人の老健施設 地域に根ざした医療・介護
　を展開」『老健』Vol26、No. 5

全国老人保健施設協会（2015③）「平成26年度老人保健健康増進等事業 介護老人保健
　施設における生活期リハビリテーションの実態と効果に関する調査研究事業報告書」

全国老人保健施設協会（2017①）「施設レポート① 一丸となってリハビリ"力"を上げ
　在宅復帰を実現 介護老人保健施設あるかさる」『老健』vol. 27、No11

全国老人保健施設協会（2017②）「レポート② 恵まれた素地活かし 専門職で織り成す
　真庭の地域連携 老人保健施設白梅の丘」『老健』vol. 27、No. 12、27-28.

全国老人保健施設協会（2018）「介護老人保健施設における在宅復帰・在宅療養支援機
　能の強化へ向けて～在宅復帰阻害要因の検討と在宅復帰機能の強化策～」

全国有料老人ホーム協会（2014）「平成26年度有料老人ホームにおける前払金の実態に
　関する調査研究事業報告書」（https：//www.yurokyo.or.jp/kakodata/
　investigate/pdf/report_h26_01_03.pdf, 2020/5/19 閲覧）

間嶋　健（まじま　けん）

健康科学大学　人間コミュニケーション学科　講師
博士（社会福祉学）

2013 年　筑波大学大学院　人間総合科学研究科
　　　　　生涯発達専攻　カウンセリングコース修了
2021 年　東京都立大学大学院　人文科学研究科
　　　　　社会行動学専攻　博士後期課程　修了

主著等

『介護老人保健施設の退所支援ソーシャルワークの評価枠組みの構成 支援相談員による支援記録の質的分析より』（2019年 , ソーシャルワーク学会誌）

『介護老人保健施設の退所支援における要介護者と家族の有する課題とその構造 支援相談員の支援記録における事例の分析を通して』（2018 年 , ソーシャルワーク研究）

『構造構成主義に基づくソーシャルワーク実践の科学性確保に関する一考察 質的研究によるソーシャルワーク実践研究の科学化にむけて』（2016 年 , 社会福祉学会誌）

『転院支援を必要とする患者の在院日数に影響を与える介入要因の検討に関する研究』（2015 年 , 医療と福祉）

『MSW の各種記録が統合された電子記録システムの構築における研究』（2014 年 , ソーシャルワーク研究）

『東日本大震災における在宅人工呼吸器使用患者への医療ソーシャルワーカーの相談支援「人工呼吸器を利用する在宅医療患者の緊急相談窓口」での活動を通して』（2012 年 , 日本集団災害医学会誌）

介護老人保健施設の
退所支援におけるソーシャルワーク
エビデンスを活用する実践

2024 年 4 月 20 日　発行

　著　者　　間嶋　健

　発行者　　荘村明彦

　発行所　　中央法規出版株式会社
　　　　　　〒 110-0016
　　　　　　東京都台東区台東 3-29-1　中央法規ビル
　　　　　　TEL 03-6387-3196
　　　　　　https://www.chuohoki.co.jp/

　装幀・本文デザイン　　加藤愛子（オフィスキントン）

　　印刷・製本　　　長野印刷商工株式会社

定価はカバーに表示してあります。
ISBN978-4-8243-0052-2

本書の内容に関するご質問については、下記 URL から「お問い
合わせフォーム」にご入力いただきますようお願いいたします。
https://www.chuohoki.co.jp/contact/

A052